Diabetes Control

ডায়াবেটিস্ কন্ট্রোল

মধুমেহ : লক্ষণ : কারণ এবং নিবারণ

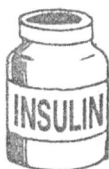

I0102859

বাংলায় অনুবাদ :
শ্রীমতী অন্নপূর্ণা মুখার্জী

V&S PUBLISHERS

Published by:

V&S PUBLISHERS
F-2/16, Ansari road, Daryaganj, New Delhi-110002
☎ 23240026, 23240027 • *Fax:* 011-23240028
Email: info@vspublishers.com • *Website:* www.vspublishers.com

Regional Office : Hyderabad
5-1-707/1, Brij Bhawan (Beside Central Bank of India Lane)
Bank Street, Koti, Hyderabad - 500 095
☎ 040-24737290
E-mail: vspublishershyd@gmail.com

Branch Office : Mumbai
Jaywant Industrial Estate, 1st Floor–108, Tardeo Road
Opposite Sobo Central Mall, Mumbai – 400 034
☎ 022-23510736
E-mail: vspublishersmum@gmail.com

Follow us on:

DISCLAIMER

Printed at Repro Knowledgecast Limited, Thane

প্রকাশকীয়

বী. এন্ড এস. পাবলিশার্স বিগত অনেক বছর ধরে সাধারণ জ্ঞান, গল্প-সংগ্রহ, প্রতিযোগীতা পরীক্ষার জন্য, চিকিৎসা ইত্যাদির সর্বশ্রেষ্ঠ পুস্তক প্রকাশ করে আসছে। এই শৃঙ্খলের সাথে আমরা **'ডায়াবেটিস্ কন্ট্রোল'** নামে পুস্তকটিও যুক্ত করলাম। এই পুস্তকটি ইংরাজী পুস্তক ***(Diabetes)*** থেকে অনুবাদিত করা। পাঠকদের বৃদ্ধিপ্রাপ্ত চাহিদা এবং বাজারে মধুমেহর মতো জটিল রোগের সমস্যা সম্বন্ধে উৎকৃষ্ট পুস্তকের অভাব আমাদের এই পুস্তকটি বাংলাতে প্রকাশিত করতে উৎসাহিত করেছে।

মধুমেহ এক জটিল রোগ, যা মানুষের শরীরকে আস্তে আস্তে ভিতর থেকে কাঠেতে লাগা ঘুণের মতো খোক্‌লা করে দেয়। প্রাচীন যুগ থেকে আজ পর্যন্ত অনেক বিদ্বান এবং লেখক মধুমেহ রোগের ব্যাপারে লিখেছেন। আমরা মধুমেহ রোগের কারণ, সাবধানতা আর চিকিৎসার ব্যাপারে সহজ ও সুস্পষ্ট ভাষাতে আমাদের চিন্তা-ভাবনাকে এই পুস্তকের মাধ্যমে পাঠকের কাছ পর্যন্ত পৌঁছে দিতে চাই।

আশা করি, পাঠকবৃন্দ এই পুস্তকটি পাঠ করবেন, তার সাথে যদি পুস্তকটিতে কোনো ভুল-ত্রুটি থাকে, তাহলে তা জানিয়ে আমাদের কৃতজ্ঞতা লাভ করবেন।

আপনার সেবার জন্য আমরা সমর্পিত।

প্রস্তাবনা

মধুমেহ এক ভীতিদায়ক রোগ। ভারতবর্ষে মোটামুটি 3.5 কোটি লোক মধুমেহ রোগে আক্রান্ত। এই সংখ্যা বিশ্বের সমস্ত মধুমেহ রোগীদের 25% শতাংশ। এর অধিকাংশ (90%) টাইপ-টু মধুমেহ রোগগ্রস্ত, যা কোনো দুর্ঘটনাগ্রস্ত হওয়ার ফলে বা অত্যন্ত বেড়ে যাওয়ার পরই জানতে পারা যায়। বিশ্ব-স্বাস্থ্য সংগঠনের অনুমান অনুসারে বর্ষ—2025 পর্যন্ত বিশ্বে মধুমেহ রোগের সংখ্যা 30 কোটি হয়ে যাবে। বিশ্ব-স্বাস্থ্য সংগঠন ভারতকে বিশ্বের মধুমেহ-র রাজধানী ঘোষণা করেছে।

অধিকাংশ ভারতীয়দের এটা ভুল ধারণা যে, মধুমেহ অনেক বেশী মিষ্টি খাবার খাওয়ার ফলে হয়ে থাকে আর তাকে বন্ধ করে দিলে এই রোগ আর হয় না। মধুমেহ একটা রোগ, যার আধুনিক ওষুধের দ্বারা চিকিৎসা করা অত্যন্ত কঠিন, যতক্ষণ পর্যন্ত না তাকে নিয়ন্ত্রণ করা হচ্ছে। অনেক রোগীদের মধ্যে পরিবর্তন দেখা গেছে, যখন তারা এ্যালোপ্যাথিক ওষুধের সাথে আয়ুর্বেদ, প্রাকৃতিক চিকিৎসা, যোগ, চুম্বক চিকিৎসা, অ্যাকুপ্রেসার, রঙ চিকিৎসা, সংগীত চিকিৎসা আর ফেংশুই পদ্ধতিকে যুক্ত করেছেন।

একজন সাধারণ ব্যক্তির জন্য এই সমস্ত খোঁজ-খবর দেওয়ার জন্য আমি এই পুস্তকটি লিখেছি। আর আশাকরি পাঠকরা এর উপযোগীতা পেয়ে এর থেকে লাভবান হবেন।

বিষয়-সূচী

মধুমেহ : একটি পরিচয় 9

অধ্যায় 1 : মধুমেহ কী? 11

মধুমেহ কী? 11

অগ্নাশয়ের সংগঠন আর কার্যপ্রণালী 11

অগ্নাশয়ের ভাগ 11

অগ্নাশয়ের বিশেষ কার্য 12

অগ্নাশয়ের আয়ুর্বেদিক সিদ্ধান্ত 12

অধ্যায় 2 : মধুমেহ-র প্রকার 16

ইন্‌স্যুলিন আধারিত ডায়াবেটিস্ বা টাইপ ওয়ান ডায়াবেটিস্ 16

নন্-ইন্‌স্যুলিন আধারিত ডায়াবেটিস্ বা টাইপ টু ডায়াবেটিস্ 17

মধুমেহ-র কারণ অগ্নাশয়ে (প্যান্‌ক্রিয়াজ) হওয়া রোগ 18

অধ্যায় 3 : মধুমেহ-র কারণ 21

ওষুধ এবং বিষাক্ত পদার্থ 22

অবসাদ 23

বংশানুক্রমিক 23

আয়ুর্বেদ অনুসারে মধুমেহ-র কারণ 23

জীবন-যাপন 24

অধ্যায় 4 : মধুমেহ-র সংকেত আর লক্ষণ 25

অধ্যায় 5 : মধুমেহ-র জটিলতা 26

মধুমেহ-কে কেন এক ভয়ানক রোগ মনে করা হয় 26

হাইপোগ্লোসেমিয়া বা নিম্ন রক্তচাপ 27

নিম্ন রক্ত শর্করার লক্ষণ 28

মধুমেহ আর হৃদরোগ 32

মধুমেহ ও পাকস্থলির অসুখ 33

মধুমেহ-র কারণে চোখের অসুবিধা 34

মধুমেহ-র কারণে নাড়ী (নার্ভস্)-র অসুবিধা 36

মধুমেহ-র কারণে পাচনতন্ত্রের অসুবিধা 39

অধ্যায় 6 : মধুমেহ-র পরিচিতি 40

মধুমেহ সন্দেহ হওয়ার মতো সংকেত 40

বেনেডিক্সস্ টেস্ট 41

ডিপস্টিক উপায় 41

প্রস্রাবে কিটোন্সের পরীক্ষা 42

পোষ্ট প্রান্দিওল শর্করা (P.P.) 43

আকস্মিক রক্তে শর্করা পরীক্ষা 44

গ্লুকোজ, টালেরেন্স টেষ্ট (G.T.T.) 44

ডেক্সট্রোমিটার বা গ্লুকোমিটার 45

ডেক্সট্রোমিটার বা গ্লুকোমিটার-এর প্রয়োগের উপায় 45

প্রস্রাব আর রক্ত শর্করা টেস্টের মাঝে ব্যবধান 47

অধ্যায় 7 : মধুমেহ-র চিকিৎসা 48

মধুমেহ-র চিকিৎসার উদ্দেশ্য 48

জীবনযাত্রাতে পরিবর্তন 49

মধুমেহ রোগে খাওয়া-দাওয়ার গুণ 50

বিভিন্ন মধুমেহ রোগীদের ক্যালোরীর প্রয়োজনীয়তা 50

সবজি এবং ফল 52

মধুমেহ রোগীর মেনু 52

চর্বি আর তেল 53

শিকড় বা মূল জাতীয় 54

মধুমেহ রোগীর আহারের প্রকার 56

মধুমেহ রোগীর আহারের কিছু অন্য বৈশিষ্ট্য 57

ভোজনের তত্বের ক্যালোরী অনুমান 58

মাপজোপ ছাড়া মধুমেহ রোগের আহার 58

শারীরিক ব্যায়ামের গুরুত্ব 60

সাধারণ ও মোটা ভারতীয় পুরুষ ও মহিলাদের ওজন 61

ব্যায়ামের বিভিন্নতা 63

ব্যায়ামের সময় ও আবৃত্তি 63

যোগের ভূমিকা 64

যোগাসন	65
ব্যায়াম ও যোগাসনের মধ্যে ব্যবধান	65
মধুমেহ রোগের চিকিৎসাতে যোগাসনের কী সহায়তা কবে	65
মধুমেহ রোগের চিকিৎসাতে যোগাসনের উপযোগীতা	66
ধনুরাসন বা ধনুকের মতো মুদ্রা	66
পশ্চিমোত্তাসন	67
সর্বাগাসন	68
ভুজঙ্গাসন	69
যৌগিক ক্রিয়াগুলি	71
কপালভাতি	71
বমনধৌতী বা কুঞ্জল ক্রিয়া	72
প্রাণায়াম	73
মধুমেহ-র চিকিৎসাতে প্রাণায়ামের উপযোগীতা	75
ভস্ত্রিকা প্রাণায়াম	77
শীতলী প্রাণায়াম	78
শীতকারী প্রাণায়াম	79
ধ্যান করা	79
শ্বাস নেওয়ার সচেতনতা	80
শরীরের অঙ্গের সচেতনতা	80
মানসিক রঙের প্রতি সচেতনতা	81
নিজেকে বোঝানো এবং সংকল্প করা	81
মধুমেহ রোগের চিকিৎসাতে ধ্যানের ভূমিকা	82
প্রাকৃতিক চিকিৎসা আর প্রকৃতি দ্বারা চিকিৎসা	82
মধুমেহ রোগে জল চিকিৎসার বিভিন্ন উপায়	83
মধুমেহ রোগে মাটির প্রয়োগ	85
মধুমেহ রোগে এ্যালোপ্যাথিক চিকিৎসা	87
বিভিন্ন প্রকারের মধুমেহ রোগের চিকিৎসা	87
মুখ দিয়ে খাওয়া ওষুধ	88
মৌখিক ওষুধের বিশেষ গুণ	89
মনে রাখার মতো কথা	89
ইন্সুলিন ইঞ্জেকশন্	90
ইন্সুলিনের প্রকার	91
ইঞ্জেকশন্ রাখার জায়গা (রেফ্রিজারেটর)	92
ইন্সুলিন ইঞ্জেকশনের সাথে যুক্ত সমস্যা	92
মধুমেহ রোগের আয়ুর্বেদিক চিকিৎসা	94
বাহ্যিক চিকিৎসা	96
আভ্যন্তরীণ চিকিৎসা	96
মধুমেহ রোগের কারণে কোমা	98
খাদ্যসূচীতে পরিবর্তন	100
মধুমেহ রোগে ঘরোয়া ওষুধ	100
চুম্বকীয় চিকিৎসা	101
সাবধানতা	102
অ্যাকুপ্রেশার বা রেফ্লেক্সোলজি	103
রেফ্লেক্সোলজি বা জোন থেরাপি	105
মধুমেহ রোগে চিকিৎসাতে উপযোগী অ্যাকুপ্রেশার বিন্দু	105
রঙের দ্বারা চিকিৎসা	106
সংগীতের দ্বারা চিকিৎসা	108
ফেংশুই	110
মুখ্য দার্শনিক কথা	110
মধুমেহ রোগে ফেংশুই চিকিৎসার ভূমিকা	110
অধ্যায় 8 : মধুমেহ-র ভবিষ্যতে রূপান্তর	**112**
নির্ণায়ক সুবিধাতে পরিবর্তন	112
রক্ত শর্করার নিজে নিজে পরীক্ষা করা	112
সর্বদা গ্লুকোজ পরিমাপ করা	112
গ্লুকোজ ঘড়ি	112
ভালো চিকিৎসার উপায়	113
নাক দিয়ে নেওয়া ইন্সুলিন	113
ইন্সুলিন ইনহেলার	113
অগ্ন্যাশয়ের প্রতিস্থাপন	114
জোন থেরাপি	115
অধ্যায় 9 : আপনার কিছু প্রশ্নের উত্তর	**116**
অধ্যায় 10 : আয়ুর্বেদিক ওষুধের ভূমিকা	**123**
সাধারণ তত্ত্বের কাজ করার উপায়	125

মধুমেহ : (বহুমূত্র) পরিচিতি

আজকের যুগে মানুষ দূষিত আবহাওয়াতে বাস করছে। আজ বিশ্বের লোক সংখ্যা প্রায় পাঁচ অরব থেকেও বেশী। আর ভারতে বর্তমান লোকসংখ্যা প্রায় এক অরব। বিভিন্ন উদ্যোগ ও স্বয়ং মানুষের দ্বারাই আবহাওয়া দূষিত হয়ে উঠেছে। শহরে জীবন-যাপন করা মানুষ আজ শারীরিক শ্রমের অভাবে রক্তচাপ, ক্যান্সার, হৃদরোগ, ব্লাডসুগার ইত্যাদি রোগে আক্রান্ত। এই সমস্ত রোগগুলির মধ্যে ব্লাডসুগার মানুষের শরীরকে কাঠে লাগা উইপোকার মতো খেয়ে ঝাঁঝরা করে দেয়।

ভারতবাসীর অজ্ঞানতার কারণে আগে মানুষ এই রোগের উপস্থিতি বুঝতে পারত না আর যখন বুঝতে পারে তখন ভয়ংকর রূপ ধারণ করে ফেলেছে। বহুমূত্র অত্যন্ত পুরনো রোগ, যার সম্বন্ধে মহর্ষি চরক ও শুশ্রুত অনেক কিছু লিখেছেন। শুশ্রুত সংহিতাতে মধুমেহকে পৈতৃক রোগও বলা হয়েছে। এই রোগকে ইংরাজীতে 'ডায়াবেটিস্' নামেও জানা যায়।

আজ থেকে প্রায় 120 বছর পূর্বে চিকিৎসা বৈজ্ঞানিকরা এসম্বন্ধে সুক্ষ্ম গবেষণা করেন। 1679 সালে ড. থমাস, 1815 সালে ফ্রান্সের রাসায়নিক চেরমল নিজেদের গবেষণার দ্বারা আবিষ্কার করেন যে, মানুষের মূত্র থেকে বেরনো শর্করা এক ধরণের গ্লুকোজ। 1921 সালে কয়েকজন ডাক্তার আবিষ্কার করেন যে, মানুষের প্যানক্রিয়াজ গ্রন্থি থেকে সৃষ্টি হওয়া ইন্স্যুলিন মানব শরীরে গ্লুকোজের সামঞ্জস্য বজায় রাখে। ইন্স্যুলিনের আবিষ্কার হওয়া সত্বেও আজও মধুমেহ রোগের উপর সম্পূর্ণ নিয়ন্ত্রণ রাখা যায় না।

বর্তমানে মধুমেহ রোগের জন্য ইন্সুলিন ইঞ্জেকশন ও ট্যাবলেট অত্যন্ত কার্যকরী প্রমাণিত হয়েছে। 1955 সালে 'ফ্রেংকফুচ' নামে বৈজ্ঞানিক দ্বারা আবিষ্কৃত খাওয়ার জন্য মধুমেহ নিয়ন্ত্রণ ওষুধের আবিষ্কার রোগীর মানসিক অবসাদ কিছু কম করেছে, কিন্তু মধুমেহ রোগ থেকে সম্পূর্ণ মুক্তি পাওয়া যায়নি।

এই পুস্তকটি মধুমেহ রোগীদের ভালো, আনন্দদায়ক জীবন-যাপনের জন্য তাদের খাদ্য, আসন, প্রাণায়াম, ভ্রমণ, ধ্যান ও ওষুধপত্র ইত্যাদির সঠিক জ্ঞান দেওয়া হয়েছে। যা পালন করলে মধুমেহ রোগী এক আনন্দপূর্ণ ও দীর্ঘজীবন লাভ করতে পারে।

1 মধুমেহ (বহুমূত্র) কী?

মধুমেহ (বহুমূত্র) কী?

মধুমেহ বা ডায়বেটিস্ মেলিটিন একটা এমন রোগ যাতে রোগীর অত্যধিক প্রস্রাব হয়ে থাকে। প্রস্রাবের সাথে গ্লুকোজ নামক এক মিষ্টি পদার্থ বেরিয়ে যায়। এই রোগে রোগীরা অত্যধিক মাত্রায় প্রস্রাব করে। এরকম অগ্নাশয়ে উৎপন্ন হওয়া ইন্স্যুলিন নামক হরমোনের ঘাটতি বা ইন্স্যুলিনের অসামঞ্জস্য ব্যবহারের ফলে হয়ে থাকে।

অগ্নাশয়ের সংগঠন আর তার কার্যপ্রণালী

অগ্নাশয় উদরে থাকা এক বিশেষ অঙ্গ। এটা ডায়াবেটিস্ মেলিটিজের একটা বড় কারণ। অগ্নাশয় একটা নরম, চ্যাপ্টা, প্রায় 15-20 সে. মি. লম্বা, 3-5 সে. মি. চওড়া, আর 2-4 সে. মি. মোটা, আর 80-90 গ্রাম ওজনের একটা থলি। এটা পেটের পিছনের দিকে উদরের ভিতরে অবস্থিত থাকে।

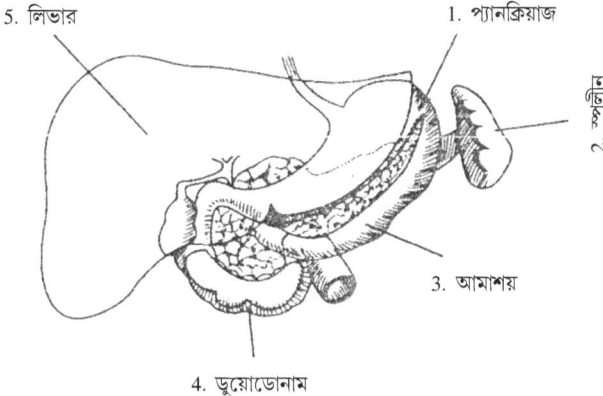

5. লিভার
1. প্যানক্রিয়াজ
3. আমাশয়
4. ডুয়োডোনাম

অগ্নাশয়ের ভাগ

অগ্নাশয়ের তিনটি প্রধান ভাগ থাকে।

1. মাথা, 2. মুখ্য ভাগ বা ধড়, 3. লেজ।

অগ্নাশয়ের মাথার ভাগ C-এর আকারের অবতলের মতো আকৃতি থাকে ডুয়োডোনাম (Duodinum) বলা হয়, যা পেটের নিচে বা ছোটো অন্তের উপরের সীমাতে থাকে। বাঁদিকে পেটের উপরের ভাগে থাকে। অগ্নাশয়ের লেজের দিকটা পেটের উপরের ভাগে বাঁদিকে অন্য অঙ্গ প্লিহা (Spleen)-তে সমাপ্ত হয়। মাথা ও লেজের মাঝের অংশকে ধড় বা মুখ্য অংশ বলা হয়।

অগ্নাশয়ের বিভিন্ন কার্য

অগ্নাশয়ের দু'টি প্রধান কার্য থাকে।

1. **খাদ্য হজম করার কার্য :** অগ্নাশয়ের প্রায় 99% কার্য হলো খাদ্যকে পরিপাক করা। এতে অনেক ছোটো ছোটো কোশিকা থাকে, যাতে খাদ্য হজম করার জন্য এঞ্জাইম উৎপন্ন হয়ে থাকে। এঞ্জাইম-ই খাদ্যে পাওয়া প্রোটিন, কার্বোহাইড্রেট আর চর্বিকে হজম করতে সাহায্য কাজ করে।

2. **হরমোনস্ উৎপন্ন করার কাজ :** অগ্নাশয়ের 1-2 শতাংশ ভাগ হরমোন উৎপন্ন করতে কাজ করে। হরমোন এক রাসায়নিক পদার্থ যা শরীরে একটা অঙ্গ-থলিতে উৎপন্ন হয় আর রক্তের সাথে শরীরের একটা অংশ থেকে অন্য অংশে প্রবাহিত হয়। অগ্নাশয়ের এই হরমোন উৎপন্ন করার ভাগ কোশিকারূপে একত্রিত থাকে। এই সমূহকে আবিষ্কার করা বৈজ্ঞানিক পল ল্যাঙ্গারহেন (Paul Langerhan)-এর নাম অনুসারে 'ল্যাঙ্গারহেন আইলেটস্' বলা হয়। পল ল্যাঙ্গারহেন 1969 সালে এর আবিষ্কার করেন। একটা সাধারণ অগ্নাশয়ে প্রায় কুড়ি লক্ষ এধরণের কোশিকাসমূহ পাওয়া যায়। এই গ্রন্থিতে 4 ধরণের কোশিকা পাওয়া যায়।

(i) A বা আলফা কোশিকাসমূহ যা গ্লুকোগন হরমোন উৎপন্ন করে।

(ii) B বা বীটা কোশিকাসমূহ যা ইন্স্যুলিন হরমোন উৎপন্ন করে।

(iii) D বা ডেল্টা কোশিকাসমূহ যা সোমটোস্টেটিন হরমোন উৎপন্ন করে।

(iv) F কোশিকাসমূহ যা প্যানক্রিয়েটিব পেপ্টাইড হরমোন উৎপন্ন করে।

ইন্স্যুলিন সবচেয়ে গুরুত্বপূর্ণ হরমোন যার ঘাটতিতে ডায়াবেটিস্ মেলিটোসের রোগ হয়ে থাকে।

মধুমেহ-র প্রাথমিক কারণ

1. ইন্স্যুলিন কম উৎপন্ন হওয়া।
2. ইন্স্যুলিন কম প্রভাবী (কাজ) হওয়া।

মধুমেহ-র আয়ুর্বেদিক সিদ্ধান্ত

আয়ুর্বেদিক সিদ্ধান্ত অনুসারে মধুমেহ রোগকে বোঝার জন্য আমাদের মানব শরীরে পাওয়া 3টি তত্বকে বুঝতে হবে। এই তিনটি তত্বই শরীরকে সাধারণ ও সুস্থ রাখে। এই তিনটি তত্ব হলো—

1. দোষ, 2. ধাতু, 3. মল

এই তিনটি তত্বের অসামঞ্জস্যতাই রোগের সৃষ্টি করে।

দোষ : দোষের সাহায্যে শরীর বাইরের ও রাসায়নিক সংরচনা দ্বারা প্রভাবিত হয়। এটা তিন প্রকারের।

1. বায়ু, 2. পিত্ত, 3. কফ

1. বায়ু : বায়ু দ্বারা শরীরে বিভিন্ন অঙ্গের সক্রিয়তা বজায় থাকে। বায়ুও 5 প্রকারের।

(i) প্রাণ দ্বারা মস্তিষ্কের কার্য এবং তন্ত্রিকা তন্ত্র প্রভাবিত হয়ে থাকে। উদাহরণস্বরূপ—শোঁকা, স্বাদ, স্পর্শ, শোনা আর দেখার ক্ষমতা, উপরের এবং নীচের অংশের পরিচালন, মস্তিষ্ক, যৌন ও শ্বসনক্রিয়া।

(ii) উদান দ্বারা ছাতির চলন, শ্বাস-নালীর ঝিল্লি আর কথা বলার ক্ষমতাকে প্রভাবিত করে থাকে। এই শ্বসন প্রক্রিয়া, হাঁচি এবং কথা বলা নিয়ন্ত্রণ করে।

(iii) সমন দ্বারা নাভীর কার্যপ্রণালী, পাচনক্রিয়া বা খাদ্যকে শরীরে আত্মসাৎ করার ক্রিয়া হয়ে থাকে।

(iv) অপান দ্বারা মূত্রাশয়, মস্তিষ্ক, গর্ভাশয়ের কার্য নিয়ন্ত্রিত হয়ে থাকে।

(v) বায়ান সমস্ত মাংসপেশীকে স্বতঃস্ফূর্ত এবং নিষ্কাম চলতে প্রভাবিত করে। এটা হৃদয়ের চলন, নাড়িতে রক্ত প্রবাহ, লসীকা গ্রন্থিতে (শরীরের বিভিন্ন ভাগে সাদা দ্রব্য মজুত থাকে) আর হরমোন উৎপাদনে গ্রন্থিদের প্রভাবিত করে।

বায়ুর অসামঞ্জস্যতার জন্য উৎপন্ন হওয়া বিভিন্ন রোগ

শ্বাসকষ্ট—

→ মির্গী ও অন্যান্য মস্তিষ্ক সংক্রান্ত অসুখ।

→ পিত্তি।

→ ভাইরাল জ্বর (তাপমান পরিবর্তনের কারণে)।

→ রক্তহীনতা (রক্তে লৌহতত্বের ঘাটতি)।

→ স্থূলতা (বেশী ওজন হওয়া)।

মধুমেহ

1. অজীর্ণ বা কোষ্ঠাকাঠিণ্য হওয়া, থায়রয়েড বা অড্রিন্যাল গ্রন্থির কার্য ক্ষমতাতে ঘাটতি হওয়া।

2. পিত্ত—আমাদের শরীরে হওয়া রাসায়নিক ক্রিয়াকে নিয়ন্ত্রিত করে। এটি পাঁচ প্রকারের হয়ে থাকে।

1. **পাচক :** যা শরীরে পাচন ক্রিয়ার সাথে এঞ্জাইম ও অন্যান্য রসায়নের কারণ হয়ে থাকে। এটা খাদ্যকে হজম করতে সহায়তা করে।

2. **রঞ্জক :** যা রক্তে হিমোগ্লোবিন (রক্তে লৌহ) উৎপাদন করতে সহায়ক।

3. **আলোচক :** যা চোখের জৈব রাসায়নিক ক্রিয়াকে নিয়ন্ত্রিত করে।

4. **সাদক :** মস্তিষ্কের সাধারণ কার্যপ্রণালিকে নিয়ন্ত্রিত করে।

5. **ব্রজক :** যা ঘামের রূপে শরীর থেকে বর্জ্য পদার্থকে বাইরে বের করে দিয়ে ত্বককে চক্‌চকে করে তোলে।

পিত্ত-র অসামঞ্জস্যতার জন্য হওয়া রোগ নিম্নরূপ—

বিষাক্ত জ্বর, অতি অম্লতা, অজীর্ণতা, পেটখারাপ, প্লিহা, রক্তাল্পতা (রক্তে কোশিকাগুলি নষ্ট হওয়ার কারণ), ব্রঙ্কাইটিস্, পুঁজ হওয়ার মতো ত্বকের রোগ, বিষাণু, কীটাণু ও ভাইরাস থেকে হওয়া সমস্ত সংক্রমণ ইত্যাদি।

3. কফ : শরীরের বিভিন্ন অঙ্গের বিকাশের জন্য হয়ে থাকে। এটি শরীরের বিভিন্ন অঙ্গ ও গ্রন্থিকে প্রভাবিত করে। এটি পাঁচ প্রকারের হয়ে থাকে।

(i) **ক্লেদক :** মুখ, পেট আর নাড়ী থেকে বেরোনো রসকে বলা হয়। এটা খাদ্যকে হজম করতে ও কীটাণুকে নষ্ট করার কাজ করে।

(ii) **অবলম্বিকা :** নাক (শ্বাস প্রণালী) থেকে হওয়া রসকে 'অবলম্বিকা' বলে। এটা ফুসফুসে হাওয়া যেতে এবং বাহ্য পদার্থকে থামাতে সাহায্য করে।

(iii) **বোধক :** স্বাদ-গ্রন্থি থেকে হওয়া রসকে 'বোধক' বলা হয়। এতে জীবের স্বাদের অনুভূতি হয়।

(iv) **তর্পক :** এটা সেরিব্রো স্পাইনাল দ্রব-র সাথে সম্বন্ধ রাখে, যা মস্তিষ্ক ও মেরুদণ্ডের হাড়ের চারিদিকে থাকে। এটা মস্তিষ্কে পোষণ প্রদান করে আর তাকে বাহ্যিক বিষাক্ত পদার্থ থেকে বাঁচায়।

(v) **শ্লেষক :** এটি হাড় ও জয়েন্টে পাওয়া যায়। যাকে 'সাইনোবিওল ফ্লুয়িড' বলা হয়। এটা হাড় এবং জয়েন্টকে সহজে চলতে সাহায্য করে। হৃদয় এবং ফুসফুসের চারদিকে পাওয়া এই দ্রব ও শ্লেষক কফ্ বলা হয়। কফ্ থেকে অসামঞ্জস্যতার ফলে হওয়া রোগগুলি—

→ সাধারণ কাশি

→ ফুসফুস ও শ্বসননালীতে সংক্রমণ

→ সংক্রমণের কারণে পেটখারাপ

→ জন্ডিস্

→ দাদ, ব্রণ এবং ত্বকের অন্যান্য সংক্রমণ

→ গাঁটের রোগ (জয়েন্ট ব্যথা)

→ পাকস্থলিতে যন্ত্রণা ও সংক্রমণ (গ্লোমেরুলোনেফ্রিতীস)

→ পেটে যন্ত্রণা (পেরীটোনাইটীস)

→ মস্তিষ্কে ব্যথা, মস্তিষ্কে জ্বর ও মস্তিষ্কে অন্য সংক্রমণ

→ শরীরে বিভিন্ন জায়গায় পাওয়া টিউমার।

4. ধাতু : শরীর গঠনের জন্য সহায়ক পদার্থ। মোটামুটি সাত রকমের ধাতু হয়ে থাকে। যেমন—লসীকা, রক্ত মাংসপেশী, চর্বি, বনমেরী, বীর্য ও অণ্ড।

5. মল—বিভিন্ন ধাতুর বিসর্জন, যা শরীরে হওয়া পচনশীল পরিবর্তনের দ্বারা হয়ে থাকে। মলের উদাহরণ—ঘাম, প্রস্রাব, পায়খানা, গ্যাস, পিত্ত, কানের ময়লা, নাক ইত্যাদি থেকে আসা মল।

অসুখের উৎপত্তি দোষ ধাতু বা মলের অসামঞ্জস্যতার জন্য হয়ে থাকে। মধুমেহ মূত্র সংক্রান্ত এক অসামঞ্জস্যতা যা রোগী বেশী মাত্রায় নোংরা মুত্র (প্রমেহ) বিসর্জন করে।

মোট 20 রকমের প্রমেহ পাওয়া যায়, যাকে 3টি দোষে ভাগ করা হয়।—

(i) বাতজ প্রমেহ—এটি 4 রকমের হয়ে থাকে।

(ii) পিত্তজ প্রমেহ— এটি 6 রকমের হয়ে থাকে।

(iii) কফজ প্রমেহ—এটি 10 রকমের হয়ে থাকে।

মধুমেহ এক ধরণের বাতজ প্রমেহ।

2 মধুমেহ-র প্রকার ভেদ

মধুমেহ রোগের উৎপন্ন হওয়ার কারণ আর তার বিকশিত হওয়ার পরিস্থিতির উপর নির্ভর করে ডায়াবেটিস্ মেলিটীস্‌কে বিভিন্ন ভাগে ভাগ করা হয়েছে। এদের প্রতিটির প্রকার একে অপরের থেকে সম্পূর্ণ আলাদা, যা এই রোগের উৎপত্তির কারণ, তার অবস্থা, জটিলতা, লক্ষণ আর তার উপচারের উপর নির্ধারিত হয়ে থাকে। বিভিন্ন প্রকারের ডায়াবেটিস মেলিটীস্-এর বর্ণনা করা হয়েছে।—

ইন্‌স্যুলিন আধারিত ডায়াবেটিস্ বা টাইপ-ওয়ান ডায়াবেটিস্

এধরণের ডায়াবেটিস্ মনে করা হয় শিশুকাল থেকেই বা কিশোরাবস্থাতে হয়ে থাকে, সেজন্য এটি অপ্রাপ্ত-বয়স্ক বা কিশোর ডায়াবেটিস্ নামেও পরিচিত।

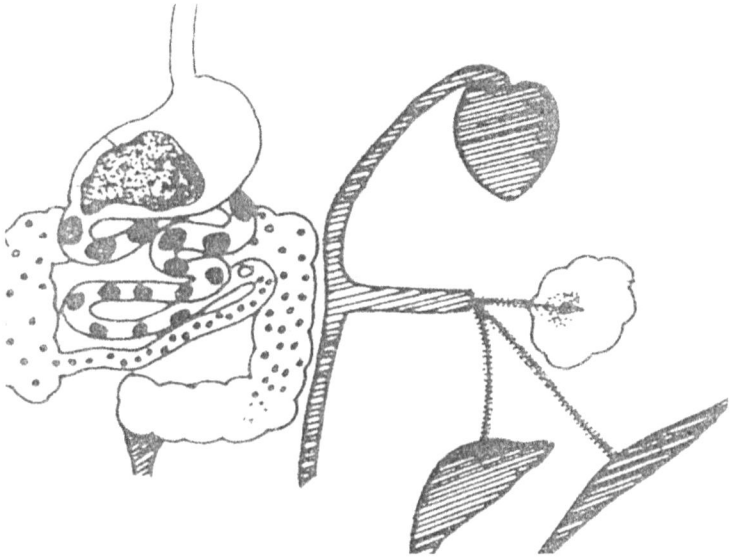

এটি মধ্য ও প্রৌঢ় বয়স্ক লোকেদেরও হয়ে থাকে। এতে অগ্নাশয় (প্যানক্রিয়াজ)-এ অত্যন্ত কম বা প্রায় না হওয়ার মতো ইন্‌সুলিন সৃষ্টি করে, যার কারণে রোগীকে কৃত্রিম ইন্‌স্যুলিনের সাহায্য নিতে হয়। এধরণের ডায়াবেটিস্ হঠাৎ-ই সৃষ্টি হয় আর অত্যন্ত দ্রুত বৃদ্ধি পেতে থাকে। যতক্ষণ পর্যন্ত এটা ধরা না পড়ে, ততক্ষণ রোগীর শরীরে বিভিন্ন প্রকারের জটিলতা ঘিরে ধরে। এটা পরিবারের অন্য সদস্যদের সাধারণত হয় না। যে রোগীর এধরণের ডায়াবেটিস্ হয়, তারা বেশী স্থূলকায় হয় না, আর সাধারণ খাদ্যের উপর সক্রিয় জীবন অতিবাহিত করে থাকে। এদের মাত্র ইন্‌স্যুলিন ইঞ্জেকশানের-ই প্রয়োজন হয়। আর সঠিকভাবে তার প্রয়োগ করা না হলে তার থেকে সৃষ্টি হওয়া জটিলতার পরিণাম জীবনঘাতী হয়ে উঠতে পারে। এ রোগ ইউরোপ আর আমেরিকাতে অধিকমাত্রায় পাওয়া যায়। এই রোগ 700 বাচ্ছার মধ্যে এক এবং 200 কিশোরের মধ্যে একজন কিশোরের হয়ে থাকে।

নন্-ইন্‌স্যুলিন আধারিত ডায়াবেটিস্ বা টাইপ-2 ডায়াবেটিস্

এধরণের ডায়াবেটিস্ মধ্য-বয়স্কদের মধ্যে হয়ে থাকে। এটা টাইপ-1 থেকে বেশী দেখা যায়। এই ডায়াবেটিস্ চুপচাপ জন্ম নিয়ে আস্তে আস্তে বাড়তে থাকে আর প্রায় এক বছরের মতো এর কোনো লক্ষণ চোখে পড়ে না।

এটা তখনই জানা যায়, যখন ব্যক্তিকে তার চাকরি বা অপারেশনের জন্য কোনো মেডিক্যাল চেক্‌আপ করানো হয়। এধরণের রোগীরা সাধারণ চেহারার হয়ে থাকে বা মোটা হয়ে থাকে। এরা খেতে ভালোবাসে, আর নিষ্ক্রিয় ও আরামপ্রিয় জীবন-যাপন করতে ভালোবাসে। সর্বদা এধরণের রোগ পরিবারের সদস্যদের বিশেষ করে মা, বাবা, দাদু-ঠাকুমা, কাকা-কাকীমা, ভাই-বোনদের মধ্যে দেখা যায়। এর পরিণাম টাইপ-1 মতো ভয়ংকর হয় না আর এই রোগ ব্যায়াম, খাদ্য নিয়ন্ত্রণ আর ওযুধেই ফল দিয়ে থাকে।

টাইপ-1 আর টাইপ-2 ডায়াবেটিসের মধ্যে পার্থক্য নীচে দেখানো হয়েছে।—

	অংশ	টাইপ-1 ডায়াবেটিস্	টাইপ-2 ডায়াবেটিস্
1.	আয়ু সমূহ	সাধারণতঃ শিশুকালে আর কিশোরাবস্থায়	মধ্যবয়স্ক আর বয়স্ক লোকেদের মধ্যে হয়ে থাকে
2.	কীভাবে চেনা যায়	সাধারণভাবে জটিলতা বাড়ার পর	চাকরিতে চেক-আপ করানোর সময় বা অপারেশনের সময় আস্তে

	অংশ	টাইপ-1 ডায়াবেটিস্	টাইপ-2 ডায়াবেটিস্
3.	রোগের প্রকার	হঠাৎ সৃষ্টি হয় আর তীব্রভাবে বৃদ্ধি পেতে থাকে	আস্তে সৃষ্টি হয় আর আস্তে আস্তে বাড়তে থাকে
4.	সাধারণ উপস্থিতি	সাধারণতঃ কম দেখা যায়	সাধারণভাবে টাইপ-1-এর থেকে বেশী দেখা যায়
5.	শরীরের ওজন	সাধারণতঃ স্বাভাবিক	সাধারণতঃ ভারী
6.	আহার	আহারের কোনো প্রভাব নেই	বেশী খাদ্য খাওয়া লোকেদের হয়ে থাকে
7.	জীবন-যাত্রা	সক্রিয় বা নিষ্ক্রিয়	নিষ্ক্রিয়, আরাম করার মতো লোকেদের
8.	পারিবারিক পৃষ্ঠভূমি	পরিবারজনদের মধ্যে হয় না	পরিবারজনদের মধ্যে এই রোগ হয়ে থাকে
9.	চিকিৎসা	ইন্‌স্যুলিনের ইঞ্জেকশান অনিবার্য	খাওয়ার ওযুধের দ্বারা নিয়ন্ত্রিত হয়ে যায়
10.	জটিলতা	তাড়াতাড়ি বেড়ে যায়	দেরীতে বাড়ে

মধুমেহর কারণে অগ্নাশয় (প্যানক্রিয়াজ)-এ হওয়া রোগ

অগ্নাশয় (প্যানক্রিয়াজ)-এ ইন্‌স্যুলিন উৎপন্ন হওয়ার কারণেই এতে ডায়াবেটিস্ উৎপন্ন হওয়ার প্রধান কারণ। অগ্নাশয়ে সৃষ্টি হওয়া রোগগুলি নিম্নলিখিত।—

(ক) অগ্নাশয়ে যেকোনো প্রকারের সংক্রমণ।

(খ) অগ্নাশয় সম্বন্ধিত যেকোনো প্রকারের টিউমার।

(গ) পাথর বা বিষাক্ত রসায়ণের কারণে অগ্নাশয়ে বা অন্য অঙ্গাতে অবরোধ সৃষ্টি।

(ঘ) অপারেশনের দ্বারা অগ্নাশয়কে বের করে দেওয়া।

এধরণের ব্যক্তিদের মধ্যে যেকোনো সময় এই রোগ উৎপন্ন হতে পারে, তাদের শরীরের ওজন, খাওয়া-দাওয়ার অভ্যাস, জীবন-যাপন অথবা পারিবারিক ইতিহাস যাই হোক না কেন। তাদের প্রায়শঃ ইন্‌স্যুলিনের ইঞ্জেকশনের প্রয়োজন হয় যেখানে কিছু লোকেরা ওযুধের দ্বারাই ঠিক হয়ে যায়।

পুষ্টিহীনতার জন্য হওয়া ডায়াবেটিস্

ভারতের মতো বিকাশশীল দেশে অনেক ব্যক্তিদের মধ্যে কিশোর বা বয়স্কাবস্থাতে অত্যন্ত

পুষ্টিহীনতার জন্য এই রোগ হয়ে থাকে। এধরণের ব্যক্তিরা বয়সের প্রাথমিক অবস্থায় সম্পূর্ণ পুষ্টি পায় না বিশেষ করে প্রোটিনযুক্ত খাদ্য। এভাবে তাদের শরীরে পুষ্টির অভাব হয়ে যায়, তারা দুর্বল হয়ে পড়ে এবং ইন্‌স্যুলিন হরমোন উৎপাদনের স্তরও কমতে থাকে।

খাদ্যের অভাবে উৎপাদিত ইন্‌স্যুলিনও অসংবেদনশীল হয়ে থাকে এবং সঠিকভাবে কার্য করতে পারে না। এভাবে ব্যক্তিরা আস্তে আস্তে মধুমেহ রোগে আক্রান্ত হয়ে যায়, তারা ইন্‌স্যুলিনের কৃত্রিম স্রোতের সাহায্যেই প্রতিক্রিয়া করতে পারে।

অন্য হরমোনের কারণে হওয়া ডায়াবেটিস্

কিছু কিছু লোকেদের মধ্যে কিছু নিশ্চিত হরমোনের অত্যধিক মাত্রায় সৃষ্টি হওয়ার কারণে এই রোগ উৎপন্ন হয়ে থাকে, যা ইন্‌স্যুলিনের সাধারণ কার্যে বাধা দিয়ে থাকে। যেমন—বিকাশের জন্য প্রয়োজনীয় হরমোন, থাইরয়েড হরমোন, গ্লুকোজ (প্যানক্রিয়াজ)। এগুলির হস্তক্ষেপের ফলে ইন্‌স্যুলিন খাদ্যের সঙ্গে সাধারণভাবে চলাচল করতে পারে না আর ব্যক্তির মধ্যে রক্ত শর্করার স্তর বৃদ্ধি হয়ে যায়, যা মধুমেহ-র জন্ম দেয়। এই রোগীদের লক্ষণ ও চিকিৎসার সামগ্রি—দু'টোর মধ্যেই বিভিন্নতা দেখা যায়। কিছু লোকেদের মধ্যে কিছু নিশ্চিত হরমোনের অত্যধিক মাত্রায় সৃষ্টি হওয়ার কারণে এই রোগ উৎপন্ন হয়ে থাকে, যা ইন্‌স্যুলিনের সাধারণ কার্যে বাধা দিয়ে থাকে, যেমন—বিকাশের জন্য প্রয়োজনীয় হরমোন, থাইরয়েড হরমোন, গ্লুকোজ (প্যানক্রিয়াজ)। এগুলির হস্তক্ষেপের ফলে ইন্‌স্যুলিন খাদ্যের সঙ্গে সাধারণভাবে চলাচল করতে পারে না আর ব্যক্তির মধ্যে রক্ত শর্করার স্তর বৃদ্ধি হয়ে যায়, যা মধুমেহ-র জন্ম দেয়। এই রোগীদের লক্ষণ ও সামগ্রী—দু'টোর মধ্যেই বিভিন্নতা দেখা যায়।

ওষুধ এবং বিষাক্ত রসায়ণের থেকে উৎপন্ন হওয়া ডায়াবেটিস্

কিছু ওষুধ, বিষাক্ত ভোজ্য পদার্থ ও রসায়ণের কারণে প্যানক্রিয়াজে কোশিকাগুলি নষ্ট হয়ে যায়, যা ইন্‌স্যুলিন তৈরী করে। এর ফলেই মধুমেহ রোগ উৎপন্ন হয়ে থাকে।

লিভারের অসুখের ফলে হওয়া ডায়াবেটিস্

লিভারে হওয়া ইন্‌ফেক্‌শন আর ক্রিয়ার গণ্ডগোল হওয়ার ফলেও ডায়াবেটিস্ বেড়ে যাওয়ার সম্ভাবনা থাকে।

গর্ভাবস্থা আর ডায়াবেটিস্

কিছু মহিলাদের গর্ভাবস্থা হওয়ার কারণে মধুমেহ রোগ হ'তে দেখা যায়।
চিকিৎসার আয়ুর্বেদিক তন্ত্র অনুসারে বিভিন্ন প্রকারের মধুমেহ নিম্নলিখিতরূপ:—

আয়ুর্বেদ অনুসারে ডায়াবেটিস্-এর বিভিন্ন প্রকার—
মধুমেহকে দু'টি শ্রেণীতে বিভাজিত করা যায়।
—দোষের প্রকারের উপর আধারিত (অধ্যায় 1 দেখুন)।
—বংশানুক্রমে পাওয়ার উপর আধারিত (বংশানুক্রমিক)।

দোষের প্রকারের উপর আধারিত—
1. বাতজ প্রকার
2. কফজ প্রকার
3. পিত্তজ প্রকার

বংশানুক্রমে পাওয়ার উপর আধারিত
1. পৈতৃক
2. অন্য বা ভিন্ন বংশীয়—
    (ক) ওজন বাড়ার কারণ
    (খ) ওজন কম হওয়ার কারণ

মধুমেহ-র আয়ুর্বেদিক অবধারণা তিনটি দোষে—বায়ু, কফ ও পিত্ত-র অসামঞ্জস্যতার সাথে সম্বন্ধ রাখে। যখন বায়ু দোষ-এর প্রাধান্য হয়ে থাকে তখন তাকে বায়ুজ বলা হয়। এভাবেই কফজ ও পিত্তজ দোষ হয়ে থাকে। বংশানুক্রমের অবধারণা অনুসারে রোগ বংশানুক্রমিক হতে পারে, যাতে ব্যক্তির ওজন কম বা বেশী না হলেও কোনো রক্ত সম্বন্ধীয় মধুমেহ হয়ে থাকে। অন্য-বংশীয় অবধারণাকে দু'ভাগে ভাগ করা হয়ে থাকে—প্রথম যা বেশী ওজন যুক্ত লোকেদের মধ্যে পাওয়া যায়। তারা প্রয়োজনের থেকে বেশী খাদ্য গ্রহণ করে ও আরামের জীবন-যাপনের অভ্যাস থাকে। দ্বিতীয় শ্রেণী—যাদের ওজন অত্যন্ত কম এবং পর্যাপ্ত পরিমাণে পুষ্টিকর খাদ্য গ্রহণ না করার জন্য পুষ্টিহীনতার কারণে এই রোগ হয়ে থাকে। এমনকি তাদের টি.বি. রোগও হতে পারে।

3 মধুমেহ (বহুমূত্র) রোগের কারণ

মধুমেহ রোগ কোনো ব্যক্তির শরীরের বিভিন্ন প্রণালী ও অবস্থার সবরকম কারণে হয়ে থাকে। সেজন্য এটা বহু কারণ ও বহু প্রণালীর অসুখ। এই রোগ সৃষ্টিকারী কারণগুলি নিম্নরূপ:—

বয়স

যেকোনো রকমের মধুমেহ রোগ যেকোনো বয়সের ব্যক্তির হ'তে পারে, কিন্তু বেশীরভাগ এই অসুখ মধ্যবয়সী আর বৃদ্ধদের হয়ে থাকে। ইন্‌স্যুলিনযুক্ত (টাইপ-1) আর পুষ্টিহীনতা -জনিত মধুমেহ কম বয়সের ব্যক্তিদের মধ্যে দেখা যায়। এধরণের লোকেদের চিকিৎসা জটিল ও কঠিন হয়ে থাকে। কখনো কখনো এটা জীবনদায়ীও হয়ে ওঠে। কিছু বিশেষজ্ঞদের মতানুসারে বয়স বাড়ার সাথে সাথে এই রোগ হয়ে থাকে আর অগ্নাশয়ে বৃদ্ধাবস্থার কারণে পরিবর্তনও এতে সহযোগী হয়ে ওঠে।

লিঙ্গ

এই রোগ পুরুষ ও মহিলা উভয়েরই হয়ে থাকে। তবে কিছু কিছু দেশে পুরুষদের বেশী হয়ে থাকে আবার কোনো কোনো দেশে মহিলাদের মধ্যে বেশী দেখা যায়। এই রোগের চিকিৎসা সাধারণত নিজস্ব বা প্রাইভেট চিকিৎসকের দ্বারা করা হয়ে থাকে ফলে স্ত্রী-পুরুষের সংখ্যা সঠিকভাবে জানা যায় না।

খাদ্য ও পুষ্টি

মোটা ব্যক্তিদের মধ্যে টাইপ-2 মধুমেহ রোগ প্রতিরোধক ক্ষমতার কারণে বেশী দেখা যায়। সাধারণত লোকেরা টাইপ-1 বা ইন্‌স্যুলিনযুক্ত ডায়াবেটিস্ মেলিটোস-এ আক্রান্ত হয়ে থাকে। এখন হওয়া অনুসন্ধানে মধুমেহ রোগে পুষ্টির কোনো সম্বন্ধ পাওয়া যায় না। কিছু অনুসন্ধানে জানা গেছে, যে বাচ্ছাদের ছোটোবেলাতে গরুর দুধ দেওয়া হয় তাদের টাইপ-1 রোগের সম্ভাবনা বেশী থাকে। এরকম এক পদার্থ 'বোয়িন সীরম্ অল্বুমিন'-এর

কারণে হয়ে থাকে, যা অগ্নাশয়ে ইন্‌স্যুলিন সৃষ্টি করা কোশিকাগুলিকে নষ্ট করে থাকে। কার্বোহাইড্রেট বিশেষ করে চিনির অত্যধিক সেবনের ফলে, মোটা হওয়ার ফলে টাইপ-2 রোগ হওয়ার বেশী সম্ভাবনা থাকে।

জীবন-যাপন

কোনো ব্যক্তির জীবন-যাত্রা থেকে মধুমেহ রোগ হওয়ার আশা দু'ভাবে উৎপন্ন হয়ে থাকে।

নিষ্ক্রিয় বা অধিক অলস জীবনশৈলী

যে সমস্ত ব্যক্তিরা শারীরিক কার্য কম করে বা অলস ও নিষ্ক্রিয় জীবন-যাত্রা নির্বাহ করে, তাদের ইন্‌সুলিনযুক্ত মধুমেহ হওয়ার সম্ভাবনা বেশী থাকে। শারীরিক কার্যের ঘাটতি ইন্‌স্যুলিনের ক্ষমতা বদলে যায়।

শহরের জীবন-যাত্রা

বিকশিত আর উন্নতশীল দেশ এবং শহর ও গ্রামীণ লোক সংখ্যা থেকে এই সিদ্ধান্ত পাওয়া যায় যে বিকাশশীল হওয়ার ফলে এবং গ্রাম থেকে শহুরে এলাকাতে আসা লোকেদের মধ্যে মধুমেহ রোগ হওয়ার সম্ভাবনা বেশী দেখা যায়।

এইভাবে শহুরে বা পশ্চিমী সভ্যতা বাড়ার ফলে এই রোগ বৃদ্ধি হওয়ার সম্ভাবনা বেশী দেখা যায়।

সংক্রমণ

ব্যাক্টেরিয়া বা ভাইরাস থেকে হওয়া সংক্রমণ মধুমেহ সম্ভাবিত রোগীদের এই রোগ হওয়ার সম্ভাবনা বাড়ার কারণ হয়ে থাকে। অগ্নাশয়ে সংক্রমণের ফলে কিছু ঘটনা ঘটে, ফলে ইন্‌স্যুলিন সৃষ্টি করা বীটা কোশিকাগুলি নষ্ট হ'তে থাকে।

ওষুধ আর বিষাক্ত পদার্থ

কিছু ওষুধ, যেমন—স্টেরয়েড হরমোন আর পদার্থ যাতে প্রস্রাবের মাত্রা বাড়ে (ডাইয়ুরেটিক্স)। বিষাক্ত পদার্থ যেমন—অল্লোক্সান, স্ট্রেপ্টোজোটোসিন, ইঁদুরের বিষ (ওয়াক্কর)- ইত্যাদি থেকে অনুসন্ধানের ফলে জানা গেছে যে এই পদার্থ থেকে মধুমেহ রোগ সৃষ্টি হয়। কিছু খাদ্য পদার্থ যেমন—মূল জাতীয় বা বীজ জাতীয় খাদ্য অধিক মাত্রাতে খাওয়া হয়, তাহলে তাতে মজুত সাইনাইডের অত্যধিক মাত্রার বিষাক্ত প্রভাব ইন্‌স্যুলিন তৈরী করা কোশিকাতে পড়ে থাকে। অ্যালকোহল যদি বেশী মাত্রাতে, দীর্ঘকাল ধরে গ্রহণ করা হয় তবে যকৃত ও অগ্নাশয়ের জন্য বিষাক্ত হয়ে যায় এবং স্থূলতা বাড়ায়।

অবসাদ

যেকোনো প্রকারের অবসাদও মধুমেহ রোগীদের মধ্যে এর সম্ভাবনা বাড়ায়। এই অবসাদ শল্য চিকিৎসা, সংক্রমণ, চোট, গর্ভাবস্থা বা কোনো কারণে মানসিক অবসাদ হ'তে পারে।

বংশানুক্রমিক

এটা নিম্ন প্রকারের বংশানুক্রমিকও হ'তে পারে।—

→ মধুমেহ, বিশেষ করে টাইপ-1 রোগীর মা-বাবা আর রক্তের সম্বন্ধীয় অন্য লোকেদের থেকে বেশী দেখা যায়।

→ কিছু দৃশ্যমান চিহ্ন—হিউম্যান লিউকোসাইট অ্যান্টিজেন (HLA) যখন কোনো ব্যক্তির মধ্যে পাওয়া যায়, তখন তা মধুমেহ, বিশেষ করে টাইপ-1 -এর সংকেত করে।

→ কিছু ব্যক্তিরা, বিশেষ করে টাইপ-2 মধুমেহযুক্ত ব্যক্তিদের মধ্যে কিছু অন্য সমস্যা, যেমন—স্থূলতা, উচ্চ রক্তচাপ, আর ফ্যাট বেশী মাত্রায় দেখা যায়।

→ কিছু ব্যক্তিদের মধ্যে দোষপূর্ণ তন্ত্রের কারণে বীটা কোশিকাসমূহ নিজেই নষ্ট হয়ে যাওয়ার প্রক্রিয়া শুরু করে দেয়।

আয়ুর্বেদ অনুসারে মধুমেহ রোগের কারণ
দোষ অনুসারে

দোষের মাত্রাতে অসামঞ্জস্যতার জন্য শরীরে মধুমেহ উৎপন্ন হয়ে থাকে। যদি বায়ু দোষ বেড়ে যায় আর অন্যগুলি কম হয়ে যায় তাহলে সেই মধুমেহকে বাতজ মধুমেহ বলা হয়। এভাবেই পিত্তজ আর কফ দোষের বৃদ্ধির জন্য পিত্তজ আর কফজ মধুমেহ হয়ে থাকে।

খাওয়া-দাওয়ার অনুসারে

আয়ুর্বেদ অনুসারে কোনো অসুখের কারণ কিছু বিশেষ খাদ্য পদার্থ গ্রহণকে মনে করা হয়। আয়ুর্বেদাচার্য উচ্চ কার্বোহাইড্রেট আর চর্বিযুক্ত খাবার বেশী গ্রহণ করা মধুমেহ-র কারণ মনে করে থাকেন।

যে সমস্ত লোক কিছু খাদ্য পদার্থ, যেমন—দুধ, আর দুধ থেকে তৈরী জিনিস, চিনি, মধু, গম, চাল, বাজরা, দানাজাতীয় শস্য, মাংস, মাছ, ডিম, ঘি, তেল, চা, কফি, পানীয় আর আইসক্রিম বেশী পরিমাণে খায় তাদের মধুমেহ হওয়ার সম্ভাবনা বেশী থাকে।

জীবন-যাপন

নিষ্ক্রিয় জীবন-যাপন—ধনী ব্যক্তিরা, যারা শারীরিকের থেকে বেশী মানসিক কার্য করে, যেমন—নেতা, দোকানদার, জমিদার, অধ্যাপক, চিকিৎসক আর উকিল—তাদের মধুমেহ রোগের সম্ভাবনা বেশী থাকে। আর অন্যদিকে শ্রমিক, কৃষক, পুলিশবাহিনী, মিলিটারীর লোকেদের রোগ হওয়ার সম্ভাবনা কম থাকে।

শহুরে আর পশ্চিমী জীবন-যাত্রা—শহরের দ্রুত পরিবর্তন ও পশ্চিমের প্রভাবের কারণে, কিছু লোক উচ্চস্তরের জীবনযাত্রাতে অভ্যস্ত হয়ে পড়েন, ফলে তারা অনিয়মিত ও উচ্চ ক্যালোরিযুক্ত খাদ্য গ্রহণ করে, তারজন্য তাদের মলত্যাগ ও মূত্র ত্যাগ সঠিকভাবে হ'তে পারে না, আর তারা বিলাসিতাপূর্ণ জীবন-যাপন করে। এধরণের লোকেদের মধ্যে মধুমেহ রোগ হওয়ার সম্ভাবনা বেশী থাকে।

ব্যায়ামের ঘাটতি : অত্যধিক কার্বোহাইড্রেট আর চর্বিযুক্ত খাদ্য গ্রহণ করা আর সময়মতো ব্যায়াম বা পরিশ্রম না করার ফলে শরীরের ওজন বেড়ে যায়, ফলে মধুমেহর সম্ভাবনা বেশী থাকে।

পুষ্টিহীনতা : পুষ্টিহীনতা বা কুপোষণ স্থূলতা বাড়ায় এবং তা মধুমেহ রোগের জন্য বিপদ উৎপন্ন করে থাকে।

মনোবৈজ্ঞানিক কারণ : মানসিক অবসাদ, চিন্তা, বিষাদ, আর মানসিক অসুখও মধুমেহকে বৃদ্ধি করে।

বংশানুক্রমিকতা : মধুমেহ বংশানুক্রমিকভাবে বাবা-মা, দাদু-ঠাকুমা আর অন্য রক্তসম্পর্কের মধ্যে থেকে পাওয়া যায়।

অন্য কারণ : অত্যধিক সম্ভোগ ক্রিয়া, পুরনো অসুখ, যেমন—টি.বি. অর্শ, গুপ্তরোগও মধুমেহর জন্ম দেয়।

4 মধুমেহ-র সংকেত আর লক্ষণ

মধুমেহ রোগকে চেনার সংকেত আর লক্ষণ নিম্নের বিষয়গুলির উপর নির্ভর করে :—

→ মধুমেহ-র প্রকার।

→ মধুমেহ-র অবস্থা (দশা)।

→ এটি কীভাবে শুরু হয়—ধীরে ধীরে না দ্রুতগতিতে।

→ রোগীর বয়স।

→ রোগীর জটিলতা থাকা বা না থাকা।

যে সমস্ত রোগীদের মধ্যে মধুমেহ রোগের জটিলতা থাকে না, তারা চিকিৎসকদের কাছে এই সংকেত বা লক্ষণগুলি ধরা পড়ার পর গিয়ে থাকেন।—

→ প্রস্রাব বেশী মাত্রায় হওয়া বা তা পাতলা এবং হলুদ হওয়া।

→ রাতেও প্রস্রাব বেশী হওয়া, যখন অত্যধিক পানীয় না খাওয়া হয় তখনও।

→ প্রস্রাবে গ্লুকোজ বা চিনি থাকা যা সাধারণত থাকে না।

→ অস্বাভাবিক পিপাসা লাগা যাতে জল বা অন্য পানীয় গ্রহণ করা হয়, এরকম যেকোনো আবহাওয়াতেই হতে পারে।

→ অত্যন্ত বেশী এবং শীঘ্র খিদে পাওয়া

→ অত্যন্ত তাড়াতাড়ি ক্লান্ত হয়ে পড়া আর দুর্বল হয়ে পড়া।

→ অত্যন্ত খিদে পেলেও ওজন না বাড়া বা ওজন কমে যাওয়া।

→ কাপড়ে সাদা দাগ হওয়া যা সহজে যায় না।

→ গুপ্ত অঙ্গে চুলকানি হওয়া আর লাল হয়ে যাওয়া।

→ দৃষ্টিশক্তি কমে যাওয়া আর বার বার চশমার নাম্বার পাল্টানো।

→ ঘা অত্যন্ত ধীরে ধীরে শুকানো।

→ হাত আর পা ঝন্‌ঝন্ করা, সুঁচ ফোঁটার মতো মনে হওয়া আর শূন্য মনে হওয়া।

→ নীচের অঙ্গে বিশেষ করে পায়ের গোড়ালির পেশীতে ব্যাথা হওয়া যা সাধারণ ব্যাথা নিবারক ওষুধে ঠিক হয় না।

→ ত্বকে বারে বারে সংক্রমণ, শ্বাসনালিকা ও মূত্রনালিকার সংক্রমণ, নপুংশতা।

5 মধুমেহ রোগের জটিলতা

মধুমেহ রোগ সম্বন্ধে খোঁজ খবর ততদিন পর্যন্ত অসমাপ্ত থাকবে যতদিন পর্যন্ত না আপনি তার জটিলতা আর তা কীভাবে জানা যায়, তার চিকিৎসা কীভাবে করা যায়—এর ব্যাপারে জানতে পারবেন।

যখন কোনো ব্যক্তিকে চিকিৎসক বলেন যে, তার মধুমেহ রোগ আছে তখন সেই ব্যক্তি প্রচণ্ড আঘাত পায়। সে ভাবে সবাইকে ছেড়ে দিয়ে তাকেই কেন এই রোগ আক্রমণ করেছে। অনেক লোক মানসিক আঘাতও পায় আর তাদের খিদে, ঘুম, পিপাসা ও একাগ্রতা নষ্ট হয়ে যায়। এভাবেই মধুমেহ এক ভয়ানক রোগ, ফোবিয়া আর অনেকের জন্য এক অভিশাপ হয়ে দাঁড়ায়।

মধুমেহকে কেন একটি ভয়ানক রোগ মনে করা হয়?

এতে প্রথমেই বুঝতে পারার মতো লক্ষণ অত্যন্ত কম থাকে। একে আধুনিক ওষুধের দ্বারা শুধু সীমায়িত করা যায়, কিন্তু শেষ করা যায় না। যদি এর চিকিৎসা না করা হয় তবে অনেক অন্য জটিলতা সৃষ্টি হ'তে পারে।

একজন মধুমেহ রোগী সামাজিকভাবে নিজেকে অ-সুরক্ষিত মনে করে কারণ তার খাওয়া-দাওয়া সীমিত হয়ে যায় আর তাকে নিয়মিত খাদ্য ও ওষুধ গ্রহণ করতে হয়। একজন মধুমেহ রোগী বেশী দৌড়ঝাঁপের কাজ করতে পারে না—যেখানে একজন সাধারণ ব্যক্তি যার এই রোগ নেই, সে সেইসব কার্যকে সহজেই করতে পারে।

এই জটিলতাতে অনেক তন্ত্র এবং অঙ্গ প্রভাবিত হয়ে থাকে। এর প্রস্তুতিকরণ—রোগ কী ধরণের, কী অবস্থায় তা জানা যায়, কোন অঙ্গ প্রভাবিত আর রক্ত শর্করার মাত্রা কত—তার হিসাবে বদলায়।

মধুমেহ-র জটিলতা কবে থেকে শুরু হয়

→ যখন ব্যক্তি বিশেষ করে টাইপ-1 মধুমেহ দ্বারা পীড়িত হয়ে থাকে।

→ যখন চিকিৎসা শুরু না হয়।

→ যখন ওষুধ/ইঞ্জেকশান কম বা বেশী মাত্রায় দেওয়া হয়।

→ যখন চিকিৎসা নিয়মিতভাবে না করা হয়।

→ যখন চিকিৎসায় কোনো কাজ হয় না।

→ যখন নিয়মিত রক্ত শর্করা বা অন্য টেষ্ট না করানো হয়।

→ যখন রোগ দীর্ঘ সময় ধরে চলে—বিশেষ করে টাইপ-1 মধুমেহ রোগ।

মধুমেহ থেকে হওয়া সাধারণ জটিলতা নিম্নরূপ—
হাইপোগ্লোসেমিয়া বা নিম্ন রক্তচাপ, কীটোঅসিডোসিস, হৃদরোগ, মূত্রাশয়ে বিকার, চোখের অসুবিধা, নাড়ীর অসুবিধা, সংক্রমণ, পায়ে গ্যাংগ্রিন, পাচনতন্ত্রে বিকার।

হাইপোগ্লোসেমিয়া বা নিম্ন রক্তচাপ

হাইপোগ্লোসেমিয়া তখনই বলা হয় যখন রক্তচাপ 50-60 গ্রা. /100 মি. লি. বা তার থেকে কম থাকে।

এটা টাইপ-2 মধুমেহর রোগী যারা মুখ দিয়ে ওষুধ গ্রহণ করে তাদের মধ্যে হালকাভাবে বা নিজেই সীমিত থাকে। এছাড়া টাইপ-1 রোগীদের যারা ইন্স্যুলিন ইঞ্জেকশন নেয়, তাদের ক্ষেত্রে এটা ভয়ঙ্কর রূপ হয়ে থাকে।

নিম্ন রক্তচাপের কারণগুলি নীচে দেওয়া হলো :—

→ ইন্স্যুলিন ইঞ্জেকশান বা ওষুধের অত্যধিক মাত্রা।

→ ওষুধের মাত্রাতে ভুল।

→ রোগের প্রাথমিক অবস্থাতে ওষুধ বেশী মাত্রায় দেওয়া।

→ মধুমেহ রোগ কমে যাওয়া।

→ যখন ইঞ্জেকশানের পর শীঘ্র খাদ্য গ্রহণ না করা হয় বা একেবারেই না করা হয়।

→ বেশী পরিশ্রম করার পর।

→ গ্যাসের অসুখ, যকৃত বা মুত্রাশয়ের অসুখ।

→ যখন যৌগিক ওষুধের সাথে কিছু বিশেষ ব্যাথা নিবারক ওষুধ নেওয়া হয়।

→ মধুমেহ রোগগ্রস্ত নবজাত শিশুদের মধ্যে।

নিম্ন রক্ত শর্করার লক্ষণ

নিম্ন রক্ত শর্করার লক্ষণ সমস্ত রোগীদের মধ্যে আলাদা আলাদা হয়ে থাকে আর একজন বয়স্ক লোকের মধ্যে বাচ্ছাদের থেকে বেশী দেখা যায়। নিম্ন রক্তশর্করার বিভিন্ন লক্ষণ এই প্রকারের—বেশী খিদে পাওয়া, বমির ভাব, বেশী ঘাম হওয়া, দুর্বল লাগা, ঠোঁট আর আঙুলে ঝনঝনানি বা শূন্য মনে হওয়া, কাঁপা, বুক ধড়ফড় করা, মাথা ব্যাথা, চোখে আবছা দেখা বা দুটি বস্তু দেখা, খিটখিটে ভাব, উদাসীনতা, কিছু বুঝতে না পারা, সাংঘাতিক হিংস্র ব্যবহার করা, যদি রক্ত শর্করা নিয়ন্ত্রিত না করা হয় বা অনেক বেশী হয়ে থাকে তবে আলস্য, নিদ্রাহীনতা, অজ্ঞান হয়ে যাওয়ার রোগও হয়ে থাকে।

পরীক্ষা

→ এই জটিলতার পরীক্ষা এক সাধারণ রক্ত শর্করা পরীক্ষা দ্বারা করা যায়। পরীক্ষাতে রক্ত শর্করার স্তর 50 মি. গ্রা./100 মি. লি. থেকে নীচে হবে। যদি রক্ত নেওয়ার আগে কোনো ওযুধ দেওয়া হয়ে থাকে তবে এই স্তর স্বাভাবিক হ'তে পারে।

→ এর লক্ষণগুলির চিকিৎসার সাথে সাথেই ভালো হওয়াও এই রোগের পরীক্ষাকে সঠিক মনে করা হয়।

→ এই পরীক্ষাতে প্রস্রাবে চিনি পাওয়া যায় না।

চিকিৎসা

যদি হাইপোগ্লোসেমিয়া সন্দেহ করা হয়, তবে সঙ্গে সঙ্গে রোগীকে কার্বোহাইড্রেট জাতীয় খাদ্য দেওয়া উচিত আর দ্বিতীয়বার রক্ত শর্করা পরীক্ষা করা উচিত। এগুলির মধ্যে যেকোনো খাদ্য পদার্থ দেওয়া যেতে পারে—চিনির কিউব, দশ থেকে কুড়ি গ্রাম গ্লুকোজ পাউডার, গ্লুকোন সি, গ্লুকোন ডি, ডেক্সট্রোজ, ইলেকট্রাল ইত্যাদি। ফল, পাউরুটি, বিস্কুট বা গ্লুকোজের ঘোল যা রক্তে সোজাসুজি দেওয়া যায়, যদি অবস্থা খারাপ হয় তবে।

সাংঘাতিক অবস্থাতে, যদি অজ্ঞান হয়ে যায়, কোমা বা অস্বাভাবিক ব্যবহার করে, তাহলে রোগীকে হাসপাতালে ভর্তি করানো উচিত।

রক্ষার উপায়

→ রোগী আর তার আত্মীয়দের বা অভিভাবকদের নিম্ন রক্ত শর্করার সাবধানতাকে বুঝতে হবে আর আবশ্যক উপায় গ্রহণ করতে হবে।

→ তাদের চিকিৎসকদের এব্যাপারে প্রয়োজনীয় খোঁজখবর দিতে হবে আর ওযুধের পরামর্শ নেওয়া উচিত।

→ রোগীকে ইন্স্যুলিন ইঞ্জেকশান খাওয়ার কয়েক মিনিট আগে বা খাওয়ার সময় নেওয়া উচিত।

→ যদি খাদ্য গ্রহণ না করা হয় বা দীর্ঘ সময় পর্যন্ত না গ্রহণ করা হয় তবে নিম্ন রক্ত শর্করার নিশ্চিতভাবে সম্ভাবনা থাকে।

→ মৌখিক ওষুধ কখনো অ্যালকোহল জাতীয় পানীয়ের সাথে খাওয়া উচিত নয়।

→ যদি কোনো কঠিন পরিশ্রমের কাজ করা হয় তাহলে, তারপর অতিরিক্ত কার্বোহাইড্রেট জাতীয় খাদ্য খাওয়া উচিত।

→ সমস্ত মধুমেহ রোগীদের ভারতীয় মধুমেহ সংস্থা দ্বারা তৈরী করা পরিচিতি-পত্র রাখা উচিত, তাতে ডাক্তারের নাম ও ঠিকানা, ফোন নাম্বার থাকা উচিত। এই কার্ডের নীচে এই আবেদন সাধারণত থাকে—

"আমি একজন মধুমেহ-র রোগী। যদি অজ্ঞান হয়ে যায়, কিংবা অস্বাভাবিক ব্যবহার করি, তাহলে দয়া করে আমাকে কিছু চিনি বা মিষ্টি পানীয় খেতে দেবেন।"

"যদি আমি অজ্ঞান হয়ে যায় তো আমাকে কোনো হাসপাতালে বা ডাক্তারের কাছে নিয়ে যাবেন।" এই আবেদনের সাথে কার্ডের উপর ওষুধ এবং তার ডোজও লিখে দেবেন।

এই পরিচিতি-পত্র আপতকালে কারোর জীবন বাঁচাতে পারে। এছাড়া কোনো রোগী, যার নিম্ন রক্তশর্করা হয়ে গেছে আর তার কারণে অস্বাভাবিক ব্যবহার করতে থাকে, ফলে তাকে নেশাগ্রস্ত মনে করে গ্রেপ্তারও করা হয়ে থাকে। যদি নিম্ন রক্ত শর্করা দীর্ঘ সময় পর্যন্ত থাকে, তাহলে সেটা মস্তিষ্ককে সর্বদার জন্য ক্ষতি করতে পারে।

কিটোঅ্যাসিডোসিস

ইন্স্যুলিনে ঘাটতির কারণে অনিয়ন্ত্রিত মধুমেহ হওয়ার জন্য চর্বির অধিক কাটতি হ'তে থাকে, সেই কারণে রক্ত আর প্রস্রাবে কীটোন বেশী মাত্রাতে তৈরী হয়। রক্ত আর তন্তুতে এর বেশী মাত্রাতে অম্লতা সৃষ্টি হয়। সেইজন্য এই অবস্থাকে কীটোঅ্যাসিডোসিস বলা হয়।

ইন্স্যুলিন আবিষ্কার হওয়ার আগে প্রায় 50% মধুমেহ রোগী এই অ্যাসিডোসিস-এর কারণে মারা যায়। এর মূল কারণ রোগীদের মধ্যে এই রোগ সম্বন্ধে অজ্ঞানতা আর কখনো কখনো ডাক্তাররাও সঠিকভাবে চিনতে পারে না।

কীটোঅ্যাসিডোসিস কিশোরদের, বিশেষ করে মহিলাদের আর রোগা-পাতলা লোকেদের মধ্যে বেশী দেখা যায়। ভারত, আফ্রিকা, জাপান আর ওয়েস্ট ইন্ডিজ-এ এই রোগ কম দেখা যায়। কারণ ওখানকার লোকেরা কম চর্বিযুক্ত আর বেশী কার্বোহাইড্রেটযুক্ত খাদ্য গ্রহণ করে।

এই জটিলতা সৃষ্টিকারী বা উত্তেজিত করার প্রধান কারণগুলি নিম্নলিখিতরূপ :—
রোগী ইন্‌স্যুলিনের ডোজ কম নেয় বা নেয় না, কারণ—

→ এই রোগের বিপদের প্রতি অজ্ঞানতা।

→ ইঞ্জেকশান দেওয়ার ডাক্তার না পাওয়ায়।

→ ধর্মের কারণে ব্রত বা উপবাস করা।

→ খাদ্য সম্বন্ধে জ্ঞান না থাকা।

→ গলা, ফুসফুস, ত্বক, মূত্র তন্ত্রিকাতে সংক্রমণ।

→ খাদ্য গ্রহণের পর বমি হওয়া বা পেটখারাপ হওয়া।

→ ইন্‌স্যুলিন ইঞ্জেকশানের ডোজ কম হওয়া বা অপ্রভাবী হওয়া।

→ নতুন জানতে পারা, টাইপ-1 মধুমেহ রোগীর মধ্যে প্রথম লক্ষণ পাওয়া।

→ অবসাদপূর্ণ অবস্থায়, যেমন—গর্ভধারণ, চোট বা অপারেশনের অবস্থাতে।

অসুখের লক্ষণ

অসুখের প্রারম্ভতে বুঝতে পারার মতো লক্ষণ খুব কম দেখা যায়। বাচ্ছা ছাড়া অন্যদের এই রোগ দ্রুতগতিতে বাড়তে থাকে। কীটোঅ্যাসিডোসিস-এর স্বাভাবিক লক্ষণ—অত্যন্ত পিপাসা পাওয়া, অধিক মাত্রায় প্রস্রাব হওয়া, বমি করা, মাথা ব্যাথা, খিদে না পাওয়া, উদ্বিগ্নতা, দুর্বলতা, পেটে ব্যাথা, কোষ্ঠকাঠিণ্য, পরের অবস্থাতে গভীর এবং দ্রুত শ্বাস চলা, অম্লীয় শ্বাস চলা (পাকা ফলের গন্ধের মতো) ঠাণ্ডা শুকনো ত্বক, শুকনো জীভ, দ্রুত বা দুর্বল নাড়ী, অবশেষে কোমার দশা হয়।

নির্ণয়

উপরোক্ত লক্ষণগুলি ছাড়াও কিছু ল্যাবরেটরিতে পরীক্ষার দ্বারা এই রোগকে নির্ণয় করা যায়। এই পরীক্ষা নিম্নরূপ :—

→ রক্তশর্করা অত্যন্ত বেশী হওয়া যা 800 মি. গ্রা./100 মি. লি. বা বেশী হতে পারে।

→ প্রস্রাবে শর্করা আর কীটোন পাওয়া।

→ রক্তের অ্যাসিডোসিস হওয়া আর বাই-কার্বোনেটের মাত্রা কম হওয়া।

চিকিৎসা

রোগীর শীঘ্রই হাসপাতালে চিকিৎসা করা দরকার। তাকে নিম্নরূপ চিকিৎসা দেওয়া উচিত—

→ ইন্‌স্যুলিন ইঞ্জেকশান।

→ রক্তের শিরাতে ড্রিপ দিয়ে জল বা ইলেক্ট্রোলাইটস্ দেওয়া যাতে জল ও অম্লতার ঘাটতি দূর করা যায়।

→ অ্যান্টিবায়োটিক ইঞ্জেকশান দিয়ে সংক্রমণকে সীমিত করা।

রক্ষা

→ নিয়মিত আর ঠিক সময়ে ওষুধ আর ইন্স্যুলিন নেওয়া।

→ অবসাদ আর সংক্রমণের অবস্থায় ডাক্তারের সাথে পরামর্শ করে ওষুধের মাত্রা বাড়াতে হবে।

→ যদি কিছু অস্বাভাবিক হয়, তবে সঙ্গে সঙ্গে ডাক্তারের কাছে নিয়ে যেতে হবে।

→ বিছানায় শুয়ে বিশ্রাম করা।

→ বেশী মাত্রায় তরল পদার্থ গ্রহণ করা যাতে জল ও নুনের অভাব দূর হয়।

→ যদি পরীক্ষাতে সংঘাতিক কিছু প্রমাণিত হয় তাহলে রোগীকে সঙ্গে সঙ্গে হাসপাতালে নিয়ে যাওয়া দরকার। যদি রোগী প্রথম থেকে কোমাতে থাকে তবে চিকিৎসাতে দেরী হলে তা ঠিক হওয়া অত্যন্ত কঠিন হয়ে যাবে।

নিম্ন রক্তশর্করা আর কীটোঅ্যাসিডোসিস থেকে হওয়া কোমাতে কী পার্থক্য, সেটা নীচের টেবিলে দেওয়া হলো।—

ক্র.	নিচে রক্ত শর্করা থেকে কম	কীটোঅ্যাসিডোসিস থেকে কম
1.	হঠাৎই সৃষ্টি হয়	কিছুদিন অসুখের পর সৃষ্টি হয়
2.	ইন্স্যুলিন ইঞ্জেকশানের অত্যধিক মাত্রাতে	ইন্স্যুলিনের মাত্রা কম বা না নেওয়ার ফলে খাদ্য বেশী খাওয়া হলে
3.	খাদ্য কম খাওয়া বা না খাওয়া থেকে	কম খিদে পাওয়া
4.	বেশী খিদে পাওয়া	এরকম কোনো লক্ষণ থাকে না
5.	অস্বাভাবিক ব্যবহার	এরকম কোনো লক্ষণ থাকে না
6.	ঠোঁট এবং আঙুলে ঝন্ঝন্ করা বা শূন্য মনে হওয়া	হার্টের গতি তীব্র
7.	হার্টের গতি সাধারণ	এরকম লক্ষণ দেখা যায়
8.	অত্যধিক তৃষ্না বা প্রস্রাবের লক্ষণ না থাকা	এরকম লক্ষণ পাওয়া যায়

ক্র.	নিচে রক্ত শর্করা থেকে কম	কীটোঅ্যাসিডোসিস থেকে কম
9.	অ্যাসিডোটিক বা পাকা ফলের গন্ধ নিঃশ্বাসে না থাকা	কিছুদিন অসুখের পর সৃষ্টি হয় ইন্‌স্যুলিনের মাত্রা কম বা না নেওয়ার ফলে খাদ্য বেশী খাওয়া হলে
10.	সাধারণভাবে শ্বাস নেওয়া	কম খিদে পাওয়া
11.	নাড়ী স্বাভাবিক থাকা	এরকম কোনো লক্ষণ থাকে না
12.	পেটে ব্যাথা বা কোষ্ঠকাঠিণ্য না থাকা	এরকম কোনো লক্ষণ থাকে না
13.	প্রস্রাবে গ্লুকোজ বা কীটোন না থাকা	হার্টের গতি তীব্র
14.	রক্ত নালিকা স্তর কম হওয়া	এরকম লক্ষণ দেখা যায়
15.	খাদ্য দিয়ে চিকিৎসা	এরকম লক্ষণ পাওয়া যায়

মধুমেহ আর হার্টের অসুখ

মধুমেহ রোগীদের মধ্যে হৃদরোগ হওয়ার সম্ভাবনা অন্য লোকেদের থেকে বেশী থাকে। হৃদরোগ-এর জানান দেওয়ার মতো সংকেত হলো—ব্যক্তি শীঘ্র ক্লান্ত হয়ে পড়ে, অল্প কাজ করলেও জোরে শ্বাস নেওয়া, বুকের বাঁদিকে বা মাঝখানে ব্যাথা হওয়া, একেবারে রক্ত শর্করা অনিয়ন্ত্রিত থাকে, রক্তচাপ বেড়ে যায়।

১ ধমনি
২ হৃদয়ের নীচের অংশ

হৃদরোগের চিকিৎসা সর্বদা হাসপাতালে করা উচিত। যেখানে নিয়মিতভাবে ল্যাবরেটরিতে পরীক্ষা-নিরীক্ষা ও মাপার জন্য যন্ত্র সহজেই পাওয়া যাবে।

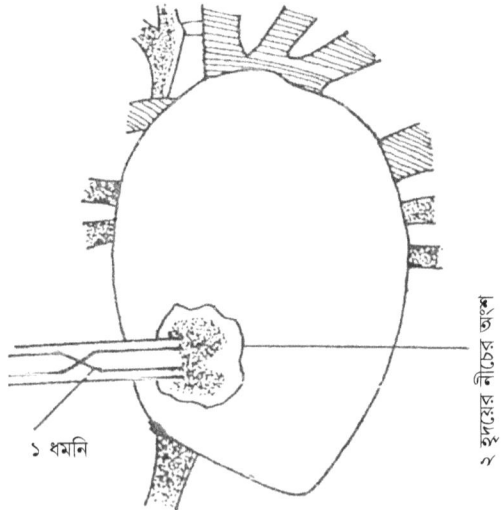

মধুমেহ রোগীদের হৃদরোগ থেকে বাঁচার উপায়—

→ রক্ত শর্করার নিয়মিত পরীক্ষা ও তার ওষুধপত্র দ্বারা সঠিক নিয়ন্ত্রণ।

→ রক্তচাপের মাসিক পরীক্ষা।

→ ত্রৈমাসিক বা যান্মাষিক হার্টের কার্যপ্রণালী পরীক্ষা করা—E.C.G., ব্লাড টেস্ট ইত্যাদি।

→ কম লবণযুক্ত, চর্বি ছাড়া খাদ্য গ্রহণ ও নিয়মিত ব্যায়ামের দ্বারা ওজন বাড়তে না দেওয়া।

→ এখন যে লিপিড প্রোফাইল-এর মতো বিশেষ টেস্ট সহজলভ্য হয়ে গেছে, তার দ্বারা পরীক্ষা করা দরকার। এর থেকে জানা যায় যে ব্যক্তির মধ্যে হৃদরোগের সম্ভাবনা কতটা বিপজ্জনক হয়ে উঠেছে।

→ সিগারেট এবং মদ একেবারেই নিষিদ্ধ।

→ মধুমেহ-র মহিলা রোগীদের গর্ভনিরোধক ট্যাবলেট সাবধানে গ্রহণ করতে হবে।

মধুমেহ বা মূত্রাশয়ের অসুখ

হৃদরোগের মতো দীর্ঘসময় পর্যন্ত থাকা মধুমেহ রোগ মূত্রাশয়ের সমস্যা সৃষ্টি করতে পারে। টাইপ-1এর রোগীদের মধ্যে 30-40% সম্ভাবনা থাকে যে তাদের কুড়ি বছর পরে মূত্রাশয়ের রোগ হয়ে যেতে পারে। টাইপ-2 মধুমেহ রোগীদের 15-20% এর মধ্যে এই সম্ভাবনা থাকে। সাধারণত টাইপ-2 মধুমেহ রোগীর সংখ্যা বেশী, সেইজন্য মূত্রাশয়ের রোগ টাইপ-2 এর মধ্যে টাইপ-1-এর তুলনায় বেশী দেখা যায়।

ভারতে মধুমেহ রোগে মৃত্যুতে 11% মূত্রাশয়ের রোগের কারণে হয়ে থাকে।

এই রোগ শুরুতে সেইরকমই হয়—যা হৃদরোগে হয়ে থাকে। মূত্রনালীতে ছোটো বড়ো রক্ত নালিকার (আর্টেরীস) ওপর চর্বি জমতে থাকে। যাতে নালিকা পাতলা হয়ে যায় আর রক্তের চলাচলে অবরোধ সৃষ্টি হয়। একারণে রক্তচাপ বেড়ে যায় আর রক্তে বিষাক্ত পদার্থ বাড়তে থাকে।

মূত্রাশয়ের রোগে নিম্নলিখিত বিপদগুলি দেখা যায়।—
অধিক ক্লান্তি, ক্লান্তির জন্য শ্বাস জোরে নেওয়া, রাতে প্রস্রাব বেশী হওয়া, গোড়ালিতে যন্ত্রণা, রক্ত শর্করাতে অস্থির নিয়ন্ত্রণ (ইন্‌স্যুলিনের প্রয়োজনীয়তা কম) আর রক্তচাপ বৃদ্ধি।

লক্ষণ

→ যখন মূত্রাশয় স্বাভাবিকভাবে কাজ করে, তখন প্রস্রাবে প্রোটীন আসে না। কিন্তু মূত্রাশয়ে অসুখ হওয়ার পর প্রোটীন আসে।

→ যখন অসুখ অত্যন্ত বেড়ে যায় তখন রক্তে ক্রেটীনিস-এর মাত্রা অত্যন্ত বেড়ে যাবে।

→ মূত্রাশয়ে রোগ হলে প্রস্রাবে সংক্রমণ হ'তে পারে। আর প্রস্রাবে পস্ কোশিকা বা ব্যাকটেরিয়া দেখা যায়।

চিকিৎসা

→ নিয়মিত রক্ত শর্করা পরীক্ষা ও ওষুধের দ্বারা চিনির ওপর সঠিক নিয়ন্ত্রণ রাখা।

→ যদি উচ্চ রক্তচাপ হয় তবে তার চিকিৎসা করা।

→ যদি প্রস্রাবে সংক্রমণ থাকে তবে তার চিকিৎসা করা।

→ যদি মূত্রাশয়ের রোগ বেশী বেড়ে গিয়ে থাকে তবে ডায়ালিসিস দ্বারা রক্তের অশুদ্ধতা দূর করা আর শুদ্ধ রক্তকে পুনরায় দেওয়া। কিছু ক্ষেত্রে কিডনির প্রত্যারোপণও করাতে হ'তে পারে।

রক্ষার উপায়

মধুমেহ রোগে কিছু সাবধানতার ফলে মূত্রাশয়ের রোগ থেকে রক্ষা পাওয়া যেতে পারে।

→ রক্তচাপকে নিয়মিতভাবে মাপা ও তাকে নিয়ন্ত্রিত রাখা।

→ রক্ত শর্করাকে নিয়মিতভাবে মাপা ও তাকে নিয়ন্ত্রিত রাখা।

→ কিছু ওযুধ যেমন—ব্যাথা নিবারক বা এক্সরের ডাই থেকে রক্ষা পাওয়া কারণ সেটা মূত্রাশয়ের ক্ষতি করে।

→ চব্বিশ ঘণ্টা নিয়মিতভাবে প্রস্রাবে প্রোটিন স্তর ও মূত্রাশয়ের কার্য করার জন্য রক্তের পরীক্ষা করানো (রক্তে ইউরিয়া বা ক্রেটীনীন)।

মধুমেহ-র কারণে চোখে হওয়া অসুবিধা

যখন মধুমেহ রোগ দীর্ঘদিন ধরে চলতে থাকে, তখন চোখে বিভিন্ন প্রকারের অসুবিধা দেখা দেয়। অসুবিধা গুলি নিম্নরূপ :—

→ চোখের সবচেয়ে ভিতরের রক্ত বাহিনী (রেটিনা)-র ক্ষতি হওয়ার ফলে অন্ধতা।

→ চোখের লেন্স-এ ছানি পড়া বা আবছাভাব।

→ মায়োপিয়া বা নিকট দৃষ্টিদোষ যাতে লোকেরা দূরের জিনিস দেখতে পায় না।

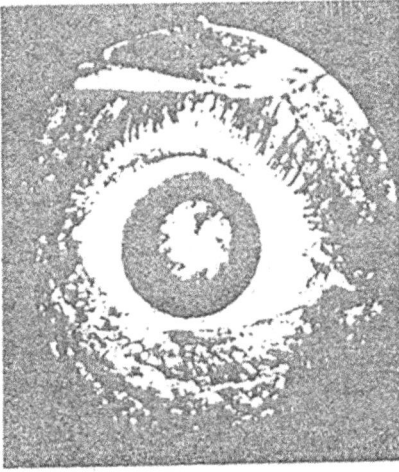

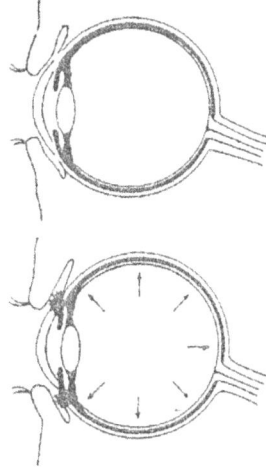

→ গ্লুকোমা বা কালো বিন্দু যাতে চোখে বেশী চাপ পড়ার কারণে আবছা দেখা বা অন্ধ হয়ে যাওয়া।

রেটিনাতে ক্ষতি হওয়ার কারণে অন্ধতা

মধুমেহ রোগীদের মধ্যে অন্য ব্যক্তিদের তুলনায় অন্ধতার 25 গুণ বেশী আশঙ্কা থাকে। 10 বছরের পুরনো মধুমেহ রোগ 50% লোকেদের রেটিনাতে ক্ষতির কারণে অন্ধ হয়ে যায়। 15 বছরের পুরনো রোগে 80% পর্যন্ত হ'তে পারে।

U. K. আর U.S.A. তে অন্ধত্বের 10% সংখ্যা মধুমেহ রোগের কারণে হয়। এই রোগের বিভিন্ন কারণ নিম্নরূপ :—

টাইপ-1 ও টাইপ-2 দুই প্রকারের রোগীই সমানভাবে এর শিকার হ'তে পারে। অন্ধতা আলাদা আলাদা বয়সে এবং লিঙ্গ অনুযায়ী হ'তে পারে। এটা এক চোখে বা দুই চোখেই হ'তে পারে। এতে চোখের নালিকাতে রক্ত প্রবাহে চর্বি জমে যাওয়ার ফলে হয়ে থাকে—যা অন্ধ হয়ে যাওয়ার কারণ হয়ে ওঠে। দুর্বল নালিকা থেকে হওয়া রক্তস্রাব চোখে যন্ত্রণা আর পরে অন্ধতার কারণ হয়ে ওঠে। রোগের শুরুতে এরকম কোনো লক্ষণ দেখা যায় না কিন্তু ভবিষ্যতে আবছা হয়ে উঠতে পারে। এই রোগের লক্ষণকে 'অপ্‌থেলমাস্কোপ' দ্বারা পরীক্ষা করা যেতে পারে।

চিকিৎসা

→ রোগের প্রাথমিক অবস্থাতে কোনো চিকিৎসার প্রয়োজন হয় না। রক্ত শর্করা, রক্তচাপ আর রক্তে চর্বিকে নিয়ন্ত্রণ করে এই রোগকে নিয়ন্ত্রণ করা যেতে পারে।

→ রোগের পরের অবস্থাতে লেজার ফোটোকোঅগুলেশন দ্বারা রেটিনার শল্য চিকিৎসার সাহায্যে এই রোগের চিকিৎসা করা যেতে পারে।

মধুমেহ রোগীদের অন্ধত্ব থেকে রক্ষা

মধুমেহ রোগীদের অন্ধত্ব থেকে রক্ষার উপায়—

→ মধুমেহ রোগ ধরা পড়ার পর প্রত্যেক 6 মাস অন্তর চোখের পরীক্ষা করানো।

→ ধূমপান না করা আর তামাক সেবন না করা।

→ উচ্চ রক্তচাপের জন্য ওষুধ আর নিয়ন্ত্রিত খাওয়া-দাওয়া করা।

→ রক্ত শর্করাতে ওষুধ এবং রক্তের পরীক্ষা দ্বারা নিয়ন্ত্রণ

→ রক্তে চর্বির স্তরের উপর নিয়মিত পরীক্ষা আর চর্বিমুক্ত খাবার দ্বারা নিয়ন্ত্রণ করা।

মধুমেহ রোগে নাড়ী (নার্ভস)-এর অসুবিধা

মধুমেহ রোগে বেশীর ভাগ রোগীদের নাড়ীর অসুবিধা হয়ে থাকে। 25 বছরের রোগে প্রায় 60% রোগীদের নাড়ীর গণ্ডগোল হয়ে থাকে আর কখনো কখনো প্রায় 90% ক্ষেত্রেও হয়ে থাকে। এই অসুবিধা টাইপ-1 আর টাইপ-2 দু'ধরণের রোগীদের মধ্যেই পাওয়া যায়। বেশীর ভাগ এটা দীর্ঘদিনের অনিয়ন্ত্রিতভাবে হালকা মধুমেহ রোগীদের মধ্যে দেখা যায়।

এতে হাত, পা, মস্তিষ্ক আর গোড়ালির নাড়িতে প্রভাবিত হ'তে পারে।

নাড়ি ক্ষতিগ্রস্ত হওয়ার কারণ

→ কার্বোহাইড্রেট মেটাবোলিজম-এর কারণে সরাসরি ক্ষতি।

→ নাড়িতে রক্তপ্রবাহতে ঘাটতি।

→ বড়ো আর ছোটো ধমনী বা হাত, পা আর মস্তিষ্কের নাড়িতে রক্ত চলাচল করায়, তাতে চর্বি জমে যাওয়া।

নাড়ির ক্ষতির সংকেত

নাড়ির অসুবিধা হওয়াতে রোগীর মধ্যে নিম্নলিখিত সংকেতগুলি দেখতে পাওয়া যায়—

→ পা এবং কখনো কখনো হাতে জ্বলন, ঝন্‌ঝনানি বা সুঁচ ফোঁটার মতো যন্ত্রণার অনুভব।

→ পায়ে ঝন্ঝনানি, শূন্যতা বা ঠাণ্ডা হওয়ার অনুভব। তার পরে মাংসপেশীতে ব্যাথা আর ঠাণ্ডা, গরম বা ব্যাথা বুঝতে না পারা।

→ শরীরের সামঞ্জস্য রাখতে না পারা আর হাত, পায়ে শক্তি কমে যাওয়া।

→ পায়ের আঙুল আর নখ ব্যাকা হয়ে যাওয়া, চামড়া মোটা হয়ে যাওয়া আর পায়ে বার বার চোট লাগা বা ঘা হয়ে যাওয়া।

→ জঙ্ঘার পেশীতে ব্যাথা, দুর্বলতা আর পাতলা হয়ে যাওয়া।

→ প্রস্রাবে নিয়ন্ত্রণ রাখতে না পারা।

→ বার বার হওয়া কোষ্ঠকাঠিণ্য বা পেটখারাপ।

→ পেটে ব্যাথা।

→ ঘাম না হওয়া।

→ পরিবর্তিত তাপমাত্রাকে সহ্য করতে না পারা।

→ নপুংশতা।

→ শুয়ে থাকার পর তাড়াতাড়ি উঠলে রক্তচাপে ঘাটতি হওয়া।

→ শরীরের একদিক একেবারে দুর্বল হয়ে যাওয়া বা পক্ষাঘাত হওয়া।

→ মস্তিষ্কে সংক্রমণ।

এই রোগকে চেনা নাড়ির কণ্ডাকশন অধ্যয়ন দ্বারা আর ইলেকট্রোমায়োগ্রাফি-র দ্বারা করা যায়।

পরীক্ষার ফল অনুযায়ী চিকিৎসা করানো উচিত। এই চিকিৎসাতে ভিটামিনের কোনো ভূমিকা থাকে না।

রক্ষার উপায়

উপরে দেওয়া লক্ষণগুলি চিনে নিয়ে নাড়ী আর পেশীর কার্য প্রণালীকে পরীক্ষা করা উচিত।

সংক্রমণ

সমস্ত লোকেরাই জানতে পেরে গেছেন যে মধুমেহ রোগীদের মধ্যে আলাদা আলাদা রকমের সংক্রমণের সম্ভাবনা থাকে। মোটামুটি 8.5% মধুমেহ রোগী বিভিন্ন ধরণের সংক্রমণের দ্বারা মারা যায়, যেখানে কয়েক ধরণের অ্যান্টিবায়োটিক পাওয়া যায়।

সংক্রমণের তিনটি প্রধান কারণ

(i) মধুমেহ-র উপর দুর্বল নিয়ন্ত্রণ

(ii) প্রতিরোধ শক্তির ঘাটতির জন্য রোগের সাথে লড়তে না পারা।

(iii) রক্ত নালিকা ও নাড়িতে গণ্ডগোল।

সংক্রমণের প্রকার

→ প্রস্রাবে সংক্রমণ সবচেয়ে বেশী হয় আর তা গর্ভবস্থায় বেড়ে যায়।

→ বুকে সংক্রমণ, যেমন—টি.বি. আর নিমোনিয়া।

→ ত্বকের সংক্রমণ, যেমন—ছাল ওঠা, কারবাঙ্কল, ফাঙ্গাস সংক্রমণ যা মহিলাদের গুপ্তাঙ্গে বেশী হয়ে থাকে।

→ কখনো কখনো হাড়ে এবং পিত্তাশয়ে সংক্রমণ।

এগুলির চিকিৎসা রক্ত শর্করার উপর নিয়ন্ত্রণ আর সঠিক মাত্রাতে অ্যান্টিবায়োটিক ওষুধের দ্বারা হয়ে থাকে।

পায়ে গ্যাংগ্রিন

গ্যাংগ্রিনের অর্থ শরীরে কোনো ভাগের মৃত্যু বা বেকার হয়ে যাওয়া। মধুমেহ রোগীদের মধ্যে পায়ে গ্যাংগ্রিন বেশী দেখা যায়। সেজন্য পায়ের আঙুল অথবা অনেক সময় পা কেটে বাদ দিতে হয়।

গ্যাংগ্রিনের কারণ পায়ে নাড়িগুলি নষ্ট হয়ে যাওয়া বা পায়ের নীচের ভাগে রক্ত প্রবাহ কম হওয়া অথবা পায়ের তলার ত্বকে সংক্রমণ হয়ে যাওয়া।

গ্যাংগ্রিনের লক্ষণের শুরুতেই পায়ে ব্যাথা, পরে পায়ে শক্তি কম হয়ে যাওয়া, পায়ের রং আর গঠনে পরিবর্তন—যা আগে লাল ছিল পরে হলুদ আর শেষে কালো দেখায়। গোড়ালির ঠাণ্ডাভাব আর ত্বকে সংক্রমণ হয়ে যায়।

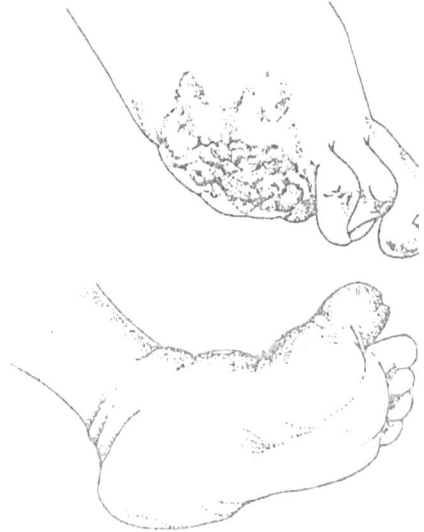

চিকিৎসা

→ রক্ত শর্করাতে নিয়ন্ত্রণ অতি আবশ্যক।
→ পায়ের তলায় নরম পট্টী দেওয়া।
→ পাকে আরাম দেওয়া আর সম্পূর্ণ বিছানায় থাকা।
→ সংক্রমণকে অ্যান্টিবায়োটিক দ্বারা চিকিৎসা।
→ ব্যাথার, ব্যাথা নিবারক ওষুধের দ্বারা চিকিৎসা।
→ প্রভাবিত আঙুল বা সম্পূর্ণ পা-কে কেটে ফেলা।

রক্ষার উপায়

→ রক্ত শর্করার নিয়মিত পরীক্ষা।
→ পায়ের বছরে একবার বা দু'মাসে একবার পরীক্ষা করানো।
→ পা-কে প্রতিদিন ভালোভাবে পরিষ্কার করা আর তেল বা ক্রিম লাগানো।
→ খালি পায়ে না চলা।
→ তাপমাত্রার অত্যধিক পরিবর্তন থেকে বাঁচা।
→ ঠিক মাপ মতো জুতো পরা।
→ পায়ের নখ নিয়মিত কাটা।
→ পায়ে নীচে কড়া বা চামড়া শক্ত হলে, তাকে নিজে নিজে না কাটা।
→ ত্বকের রোগের চিকিৎসা করানো।

পাচনতন্ত্রের অসুবিধা

কিছু রোগীদের মধ্যে মধুমেহর সাথে পাচনতন্ত্রের অসুবিধা নাড়িকে প্রভাবিত করার ফলে হয়ে থাকে। পেট এবং নাড়ি-র চলন রক্ত প্রবাহ বা কীটো-অ্যাসিডোসিস-এর কারণে কম হয়ে যায়।

স্বাভাবিকভাবে পেট ব্যাথা। বমি, পেটখারাপ, কোষ্ঠকাঠিণ্য, খিদে না পাওয়া, দুর্গন্ধযুক্ত মোটা বা চিটচিটে মলত্যাগ হওয়া বা খাওয়ার পরে পেট ফুলে যাওয়া ইত্যাদি অসুবিধা হয়ে থাকে। এর চিকিৎসা এই অসুবিধাগুলিকে নির্ভর করেই হয়ে থাকে।

6 মধুমেহ-কে চেনা

মধুমেহ-কে চেনার উপায় খুব সহজ মনে হয়, কারণ এই কারণে রক্ত শর্করা বেড়ে যায় আর কখনো কখনো প্রস্রাবেও চিনি আসতে থাকে, কিন্তু এব্যাপারে কিছু তথ্য এবং ভুল ধারণার প্রতি লক্ষ্য রাখতে হবে। মধুমেহ নিম্ন প্রকারে লোকেদের মধ্যে দেখা যায়।

মধুমেহ রোগের সন্দেহ হওয়ার সংকেত

→ যদি ব্যক্তির বয়স 40 বছর বেশী হয়।

→ রক্ত কোশিকাতে মধুমেহ আগে থেকেই থাকে।

→ ওজন অত্যন্ত বেশী হওয়া।

→ যেসব লোকেদের বেশী পিপাসা, খিদে বা ভালো খাদ্য খাওয়ার পরও ওজন কমতে থাকে, তাড়াতাড়ি সংক্রমণ হওয়া, কোনো কারণ ছাড়া দুর্বল মনে হওয়া।

→ যাদের মধ্যে হৃদরোগ আছে, উচ্চ রক্তচাপ বা অনিশ্চিত ব্যাথা আছে।

→ যে সমস্ত স্ত্রীলোকেরা গর্ভাবস্থায় ওজন অনেক বেশী বাড়িয়ে ফেলেছে।

→ যে স্ত্রীলোকেরা 3.4 কি. গ্রা.-এর চেয়ে বেশী ওজনের বাচ্ছার জন্ম দিয়েছে।

→ জন্মের আগে বা পরে বাচ্ছার মৃত্যু হয়ে যাওয়া।

মধুমেহ-এর লক্ষণ বা ওষুধের সাথে সেটা কতটা বাড়ছে বা কমছে, সেটা জানার জন্য নিম্নলিখিত টেস্টগুলি করাতে হবে।—

→ প্রস্রাবকে পরীক্ষা করে তাতে গ্লুকোজ বা কীটোন্সকে দেখতে হবে।

→ একাজের জন্য কয়েক প্রকারের টেস্ট আছে।

বেনেডিক্স টেস্ট

এটা মধুমেহ-কে জানার জন্য সবচেয়ে পুরানো টেস্ট। এটা এখন অপ্রচলিত হয়ে গেছে

আর শুধুমাত্র দূরের প্রাথমিক স্বাস্থ্য কেন্দ্রে যেখানে অন্য টেস্টের সুবিধা নেই, সেখানে করা হয়ে থাকে।

একটা পরীক্ষার নলে (টিউব)-এ প্রস্রাবের 8 ফোঁটাতে 5 এম. এল. (এক চা চামচ) বেনেডিক্স কোয়ালিটেটিভস্ সলুশান দিয়ে ফোটাতে হবে আর তার রঙ দেখতে হবে। রঙের উপর নির্ভর করে এই ফল জানা যায়।—

নীল	শূন্য
হালকা সবুজ	0.1%
কালচে সবুজ	0.3%
সবুজ বা হলুদ তলানি	0.5% থেকে 1%
হলুদ	1%
গৈরিক	2%
ইঁটের মতো লাল	2% থেকে বেশী

এই টেস্টে ভুলগুলি

→ এতে মধুমেহ সম্বন্ধে মোটামুটি আইডিয়া পাওয়া যায়। কারণ এতে কেবল শর্করার উপস্থিতি জানতে পারা যায়। যেখানে মধুমেহর বাড়াবাড়ি অবস্থাতে রক্তশর্করা 180 মি. লি. গ্রা./100 মি. লি.-এর থেকে বেশী পাওয়া যায়।

→ যদি প্রস্রাবে অন্য ধরণের চিনি, যেমন—ফ্রুক্টোজ, গ্যালাক্টোজ, মল্টোজ এবং ল্যাক্টোজ থাকে, তবুও এই টেস্ট মধুমেহ হওয়ার সংকেত দিয়ে থাকে।

→ কিছু ওষুধ যেমন—এ্যাস্পীরিন, পেনিসিলিন, অন্য অ্যান্টিবায়োটিক আর ভিটামিন থেকেও মধুমেহ-র সংকেত পাওয়া যেতে পারে।

→ বাচ্ছাদের প্রস্রাবের নমুনা নেওয়া কঠিন হয়।

ডিপ স্টিক পদ্ধতি

কিছু বিশেষ রকমের কাগজ বা প্লাস্টিক-এর পট্টি পাওয়া যায়, যাতে লাগানো বিশেষ রসায়ণের কারণে যখন শর্করা বা কীটোনের দ্রাব্য সংস্পর্শে আসে, তখন তার রঙ বদলে যায়। উদাহরণস্বরূপ—এক ধরণের পট্টী—হলুদ থেকে সবুজ, সবুজ থেকে গাঢ় নীল হয়ে যায়, যেখানে একটা অন্য পট্টী নীল থেকে সবুজ বা কালো হয়ে যায়। এই ডিপ স্টিক টাটকা প্রস্রাব বা সোজাসুজি প্রস্রাব হওয়ার সময় 30 সেকেন্ড এর জন্য লাগালে যে রঙ বদলায় সেই অনুসারেই মধুমেহকে চিনতে সাহায্য করে। এধরণের কয়েকটি স্টিক এই নামের অনুসারে হয়—ডায়াস্টিক, কীটো ডায়াস্টিক, গ্লুকেটুর, ইউরিস্টিক ইত্যাদি।

অসুবিধাগুলি

→ এটা অত্যন্ত দামী, যদিও পট্টীকে লম্বাভাবে কেটে এটাকে কম লাগানো যেতে পারে।

→ যে রোগীর রঙ কালচে ধরণের হয় সে সঠিক নির্ধারণ করতে পারে নি।

→ ভিটামিন সি. আর অন্য ওষুধের ফলে পার্থক্য হ'তে পারে।

এই পাতাটা, বিশেষ করে, কৌটো খোলার পরে বেশীদিন সংরক্ষণ করা যায় না।

সুবিধা

→ এর প্রয়োগের উপায় অত্যন্ত সহজ।

→ রোগীরা বাড়ীতেও এর প্রয়োগ করতে পারে।

→ টেস্টের রেজাল্ট সঙ্গে সঙ্গেই পাওয়া যায়।

→ এটা মধুমেহ রোগ বাড়ীতে পরীক্ষা করার উপযোগী উপায়। টাইপ-1 রোগী নিজের প্রস্রাবকে দিনে 3 থেকে 4 বার পরীক্ষা করতে পারে। টাইপ-2 রোগীদের প্রত্যেক 2 ঘণ্টা অন্তর বা খাওয়ার পরে এই পরীক্ষা করা যেতে পারে।

প্রস্রাবে কীটোন্স-এর পরীক্ষা

প্রস্রাবে কীটোন্সের পরীক্ষা নিম্ন উপায়ে করা যেতে পারে।—

(i) ডিপ স্টিক মেথড্—উপরে দেওয়া হয়েছে।

(ii) রোথেরা টেস্ট।

(iii) গোর্হর্দ্টস্ টেস্ট।

শর্করা (গ্লুকোজ)-র অনুমানের জন্য রক্ত পরীক্ষা

মধুমেহ-র সঠিক অনুমান রক্ত শর্করা পরীক্ষার দ্বারা জানা যায়। রক্ত শর্করার অনুমানের জন্য করা বিভিন্ন প্রকারের টেস্ট এই প্রকারের :—

না খেয়ে করা রক্ত শর্করা

রাত্রে 10-14 ঘণ্টা খালি পেটে থাকার পর শিরা বা আঙুলের মাথা থেকে রক্তের নমুনা নিয়ে আর রক্ত শর্করার অনুমান রিজেন্ট কিট দ্বারা নিম্ন উপায়ে করা যায়।

→ এঞ্জাইম লিঙ্কড ইম্মুনোসর্বেন্ট অ্যাস্সি (ELISA) উপায়।

→ রেডিয়ো ইম্মুনোস্সি (RIA) উপায়।

→ ডিপ স্টিক উপায়ে যেভাবে প্রস্রাবকে পরীক্ষা করা হয়।

এই টেস্টের গুরুত্ব

→ শুধুমাত্র এই টেস্টে মধুমেহ রোগের সম্বন্ধে জানা যায় না।

→ কম পরিমাণে মধুমেহ হওয়ার ফলে এই টেস্ট সামান্যরূপে ফল দিতে পারে আর

অসুখের সম্বন্ধে জানতে পারা যায়।

→ এই টেস্টে সত্যতা জানা কঠিন কারণ বাস্তবে রোগী না খেয়ে থাকে এটা বলা যায় না, কারণ লোকেরা এককাপ চা, কফি খেয়ে এই টেস্ট করিয়ে থাকে, যা ভুল হয়ে থাকে।

→ স্বাভাবিকভাবে অনাহার রক্তশর্করা 100 মি.গ্রা. হয়ে থাকে আর যদি সেটা 126 মি.গ্রা. বা তার বেশী হয় তো মধুমেহ বেড়ে যেতে পারে।

পোস্ট প্রান্দিয়াল শর্করা (P.P)

এই টেস্ট এই ধারণার উপর প্রতিষ্ঠিত যে—কার্বোহাইড্রেটযুক্ত খাদ্য বা গ্লুকোজ নেওয়ার পর রক্তশর্করা 2 থেকে 2.5 ঘণ্টাতে নিরাহার রক্ত শর্করার স্তরে এসে যায়।

মধুমেহ-র কার্বোহাইড্রেট পাচনক্রিয়ার মতো প্রাথমিক সংকেতে রক্ত শর্করাকে অনাহার রক্তশর্করা স্তর পর্যন্ত আসতে দেরী হয়ে থাকে।

এই টেস্ট খাওয়ার দু'ঘণ্টা পরে বা 75 গ্রা. গ্লুকোজকে 300 মি.লি. জলের সাথে গুলে খাওয়ার পর করা হয়।

এই টেস্টের গুরুত্ব

→ এটা অনাহার টেস্টের থেকে বেশী ভালো।

→ এতে স্বাভাবিক স্তর 200 মি.গ্রা. হয়ে থাকে আর এর থেকে বেশী হওয়ার ফলে মধুমেহকে জানান দেয়।

→ অধিক স্তর হওয়ার নিম্ন কারণগুলি হ'তে পারে—বেশী সময় পর্যন্ত কোনো কাজ না করা, কার্বোহাইড্রেট গ্রহণ না করা, যকৃতে বিকার, মাসিক ধর্ম, বেশী বয়স হওয়া, কিছু ওষুধের সেবন, যেমন—স্টেরয়েড, মৌখিক ট্যাবলেট, ঘুমের ওষুধ খাওয়া ইত্যাদি।

→ নিম্ন স্তর হওয়ার কারণ এই প্রকারের—ক্লান্তি, বমি, অ্যাসপিরিন নেওয়ার পর।

→ এই টেস্ট মধুমেহ রোগের নিয়ন্ত্রণের জন্যও গুরুত্বপূর্ণ।

যদি রক্তের নমুনা খাদ্যের সাথে ওষুধ গ্রহণ করার 2 ঘণ্টা পরে নেওয়া যায়, তাহলে রক্ত শর্করার স্তর অসুখের উপর নিয়ন্ত্রণ করার নির্দেশ দেয়।

আকস্মিক রক্ত শর্করা পরীক্ষা

আকস্মিক রক্তশর্করা পরীক্ষাতে রক্তের নমুনা দিনের যে কোনো সময়ে নেওয়া হয়ে থাকে—বিশেষ করে এটা নিরাহার বা আহারের পর (প্রান্দিয়াল) হওয়া উচিত নয়।

এই টেস্টের গুরুত্ব

এই টেস্ট মধুমেহ-র এক গভীর সংকেত দেয় আর মধুমেহ-র পরীক্ষাতে কম গুরুত্ব রাখে। এটা তখনই নির্ণায়ক মনে করা হয়, যখন রক্ত শর্করার স্তর 250 মি.গ্রা. র বেশী থাকে।

গ্লুকোজ টলেরেন্স টেস্ট (G.T.T) এই টেস্টের সিদ্ধান্ত

এই টেস্ট এই সিদ্ধান্তের উপর আধারিত যে—একজন সাধারণ ব্যক্তির মধ্যে গ্লুকোজ গ্রহণ করার পর আধ ঘণ্টা থেকে এক ঘণ্টা রক্তশর্করা স্তর বেড়ে যায় আর 2 থেকে 2.5 ঘণ্টাতে নিরাহার যুক্ত স্তরে এসে যায়। একজন মধুমেহ রোগীর মধ্যে রক্ত শর্করা বেশী বেড়ে যায়, বেশীর ভাগ সময় বেড়েই থাকে আর নিরাহার স্তর পর্যন্ত ফিরে আসতে সময় লাগে।

টেস্টের উপায়

সারা রাত, প্রায় 10-14 ঘণ্টা না খেয়ে থেকে কোনো ব্যক্তির রক্ত নেওয়া হয় আর 2ঘণ্টা পরে আবার একবার রক্ত নমুনা নেওয়া হয়। কিছু কিছু ক্ষেত্রে দ্বিতীয় নমুনা 3-4 ঘণ্টাতেও নেওয়া হয়ে থাকে। প্রথম নমুনা নেওয়ার পরে 300 মি.লি. জলের সাথে 75 গ্রা. গ্লুকোজ গুলে ঘোল করে দেওয়া হয় আর পরবর্তী 2ঘণ্টা পর্যন্ত প্রত্যেক আধ ঘণ্টা পর্যন্ত এই টেস্ট নেওয়া হয়।

এই টেস্ট কোনো ব্যক্তি, যারা সাধারণ খাদ্য গ্রহণ করে এবং সাধারণ গতিবিধিযুক্ত, তাদের নেওয়া হয়। টেস্টের জন্য ব্যক্তির শারীরিক ও মানসিক বিশ্রামের অবস্থায় থাকা উচিত আর ধূমপান করা উচিত নয়।

একজন সাধারণ আর একজন মধুমেহ রোগীর এই টেস্টের নিম্নলিখিত নিয়মগুলি পালন করা উচিত।

→ G.T.T মূল্য—যা সাধারণ আর মধুমেহ রোগীদের মধ্যে থাকা উচিত।

স্বাভাবিক মি.গ্রা.%

অনাহার 110 থেকে কম

দু'ঘণ্টা পর 140 থেকে কম

সীমারেখা মি.গ্রা.%

110-125 (আই. এফ. জী)

140-199 (আই. এফ. জী)

মধুমেহ রোগী মি.গ্রা.%

126-এর বেশী

200-এর বেশী

নোট—আই. এফ. জি (ইম্পেয়র ফাস্টিং গ্লুকোজ)

আই. জি. টি (ইম্পেয়র গ্লুকোজ টালরেন্স)

এটি মধুমেহ-র প্রাথমিক অবস্থা।

এই টেস্টের গুরুত্ব

→ এই টেস্ট অত্যন্ত উপযোগী আর মধুমেহর পরীক্ষাতে সঠিক নির্ণয় দেয়।

→ এটা সীমারেখা যুক্ত মধুমেহ ব্যাপারে জানতে সাহায্য করে, যা ভবিষ্যতে মধুমেহ হ'তে পারে।

→ আজকাল এর প্রয়োগ করা হয় না, কারণ এতে সময় লাগে বেশী আর বেশী অসুস্থ এবং দুর্বল রোগীদের ল্যাবরেটরি বা হাসপাতালে গিয়ে এই কঠিন টেস্ট করানো অসুবিধাজনক হয়ে থাকে।

→ কিছু অন্য টেস্টের কারণে স্বাভাবিক টেস্টের উপায়ও পাল্টে যায়।

ডেক্সট্রোমিটার

কিছু বয়ে নিয়ে যাওয়ার মতো উপকরণ পাওয়া যায় যা ডাক্তারের কাছে বা ঘরেও মধুমেহর নির্ণয় করা বা নিয়মিত পরীক্ষা করা যেতে পারে। এই উপকরণগুলিকে ডেক্সট্রোমিটার বা গ্লুকোমিটার বলা হয়।

ডেক্সট্রোমিটার বা গ্লুকোমিটার

ব্যক্তির আঙুলের ডগা থেকে এক বিন্দু বা দুই বিন্দু রক্ত নিয়ে একটা পাতলা পট্টি যাতে একধরণের রসায়ন (ডেক্সট্রোটিক্স, হিমোগ্লুকোটেস্ট) থাকে, তার ওপরে রাখা হয়। তারপর পট্টিকে ডেক্সট্রোমিটারের ভিতরে দিয়ে দেওয়া হয় আর মিটারের উপর রক্তশর্করার রিডিং এসে যায়।

এই প্রক্রিয়ার লাভ বা ক্ষতি

এটা একটা দ্রুত এবং নিশ্চিত উপায় যাতে রক্তশর্করা স্তরকে অনুমানিত করতে পারে। এটা বিশেষ করে—নিয়মিতভাবে নতুন রোগীর ব্যাপারে পরীক্ষার ব্যাপারে উপযোগী, যেখানে ওষুধের মাত্রাকে সঠিক উপায়ে মাপার আবশ্যকতা থাকে। টাইপ-1-এর রোগীরা এবং অনিয়ন্ত্রিত মধুমেহ-র ব্যাপারে, যেখানে প্রতিদিন দু-তিন বার রক্ত পরীক্ষা করার থাকে আর বার বার প্রয়োগশালা (ল্যাবরেটরিতে) যাওয়া অসুবিধা, সেই সময় এটা কাজ দেয়। সেই ব্যাপারে এটা লাভজনক।

হঠাৎ প্রয়োজনের সময়, যেমন—নিম্ন রক্তচাপ বা কোটোঅ্যাসিডোসিস-এর ব্যাপারে বা যখন ল্যাবরেটরি বন্ধ থাকে তখন এটা অত্যন্ত উপযোগী। বিছানায় শয্যাশায়ী রোগী আর গর্ভবতী রোগীদের, যাদের চলতে অসুবিধা থাকে, তাদের জন্য ডেক্সট্রোমিটার অত্যন্ত উপযোগী। এখন এই উপকরণ আর পাতা অত্যন্ত দামী কিন্তু এবার যখন এটা দেশে তৈরী হবে বা আমদানী শুল্ক কম লাগবে, তখন এর দাম কমে যাবে।

গ্লাইকোসিলেটেড হিমোগ্লোবিন

হিমোগ্লোবিন আমাদের লাল রক্ত কোশিকাতে পাওয়া লৌহ পদার্থ, যা অক্সিজেনের সাথে মিশে একে শরীরের বিভিন্ন অঙ্গ পর্যন্ত নিয়ে যায়। কখনো কখনো হিমোগ্লোবিনের সাথে গ্লুকোজও যুক্ত হয়ে যায়, তখন এর অণুকে গ্লাইকোসিলেটেড হিমোগ্লোবিন বলা হয়। এই গ্লাইকোসিলেটেড হিমোগ্লোবিনের আর্দ্রতা থেকে মধুমেহর ব্যাপারে দূষিত গ্লুকোজের পরিমাণ মাপা যায়। এটা মধুমেহ রোগীদের অন্যদের তুলনায় বেশী হয়।

সাধারণত এক রক্ত কোশিকার জীবন তিন মাসের হয়ে থাকে, সেজন্য এটা গত তিন মাসের রক্তেতে গ্লুকোজ-এর সূচনা হয়ে থাকে।

এই টেস্টের গুরুত্ব

→ এটা গর্ভবতী মহিলাদের জন্য একটা গুরুত্বপূর্ণ টেস্ট, যাতে গর্ভধারণের ফলে মেটাবোলিক নিয়ন্ত্রণের সূচনা পাওয়া যায়, যা অত্যন্ত গুরুত্বপূর্ণ। অস্বাভাবিক বাচ্ছা আর গর্ভের বাচ্ছাদের মৃত্যু না হওয়ার জন্য শর্করাতে নিয়ন্ত্রণ রাখা যেতে পারে।

→ তিন মাসের শর্করা নিয়ন্ত্রণকে জানার ফলে চিকিৎসাতে প্রয়োজনীয় পরিবর্তন করা যেতে পারে আর দীর্ঘকালীন নিয়ন্ত্রণ সম্ভব হয়।

→ এটা ইন্‌স্যুলিন আধারিত মধুমেহ, যেখানে রক্ততে গ্লুকোজের পরিবর্তন অত্যন্ত বেশী থাকে আর উপযোগী হয়ে থাকে।

→ রোগীদের উপবাসে থাকতে হয় না বা খাওয়ার পরে আবার টেস্ট করতে হয় না।

→ এটা নিম্ন রক্ত শর্করা বা কীটোঅ্যাসিডোসিস-এ উপযোগী হয় না।

→ প্রতিদিনের দেখাশোনা ও চিকিৎসাতে পরিবর্তন সম্ভব নয়।

→ একে কোনো ভালো ল্যাবরেটরিতেই করা উচিত।

→ অস্থায়ী কম্পাউন্ড, যেমন—প্রি-গ্লাইকোসিলেটেড হিমোগ্লোবিন, এই টেস্ট-এর ফলাফলে পরিবর্তন করতে পারে।

→ রক্তাল্পতার রোগীদের মধ্যে, যাদের হিমোগ্লোবিন আর লাল রক্ত কোশিকা কম থাকে, তাদের ভুল ফল আসতে পারে।

→ যকৃতের সমস্যাযুক্ত রোগীদের এর ফল ভুল হ'তে পারে।

প্রস্রাব আর রক্তশর্করা টেস্টের পার্থক্য

ক্র.	প্রস্রাবে শর্করা টেস্ট	রক্ত শর্করা টেস্ট
1.	প্রস্রাবে শর্করা তখন দেখা যায় যখন শর্করা 180 মি. গ্রা. থেকে বেশী।	রক্ত শর্করার কোনো স্তর হ'তে পারে।
2.	শুধুমাত্র বৃদ্ধিপ্রাপ্ত মধুমেহকে জানতে সহায়ক হয়।	প্রারম্ভিক ও হালকা মধুমেহ জানা যায়।
3.	অন্য ধরণের শর্করা যেমন---ল্যাক্টোজ, প্রক্টোজ ইত্যাদি পার্থক্য হ'তে পারে আর শর্করার সংকেত দিতে পারে।	অন্য ধরণের শর্করাতে কোনো প্রভাব হয় না।
4.	ওষুধ, যেমন---ভিটামিন সি. অ্যাস্পিরিন ইত্যাদির পরিণাম প্রভাবিত করতে পারে।	কোনো পার্থক্য ততক্ষণ পর্যন্ত থাকে না যতক্ষণ পর্যন্ত ডিপস্টিকের ব্যবহার না করা হয়।
5.	বাচ্ছাদের প্রস্রাবের নমুনা নেওয়া কঠিন হয়।	রক্তের নমুনা নেওয়া সম্ভব হয়, যতক্ষণ এতে ব্যাথা হয়।
6.	ভাবাত্মক কারণে এই টেস্টের ফলে পার্থক্য হয় না।	এতে প্রভাব ফেলতে পারে।
7.	এটা সঠিকভাবে মাপার ঠিক উপায়।	এটা মধুমেহর উপর নিয়ন্ত্রণ দেখার সঠিক উপায়।

7 মধুমেহ রোগের চিকিৎসা

মধুমেহ রোগের কয়েকটি কারণ আছে, যা অঙ্গাকে প্রভাবিত করে। এটা শরীরে আলাদা আলাদা প্রণালীকে প্রভাবিত করে। অতএব এর চিকিৎসার জন্য বহুমুখী উপায় গ্রহণ করতে হবে, যাতে কয়েক রকমের উপায়কে পালন করে ভালো ও স্থায়ী সমাধান করা যায়। এরকম করলে অসুখের উপর ভালো নিয়ন্ত্রণ, কম অসুবিধা ও দীর্ঘ জীবন পাওয়া যেতে পারে।

মধুমেহ রোগের চিকিৎসার উদ্দেশ্য

→ রোগীকে হওয়ার মতো সমস্ত সংকেত থেকে মুক্ত করা।
→ শরীরে ওজন সঠিক রাখা যাতে ব্যক্তি তার প্রতিদিনের কাজ সঠিকভাবে করতে পারে।
→ রক্তে গ্লুকোজ ও চর্বির স্তর সাধারণ স্তরে রাখা।
→ অন্য কোনো অসুবিধা বা জটিলতা আসতে না দেওয়া আর যদি আসেও তবে সবচেয়ে ভালো উপায়ে চিকিৎসা করানো।
→ নিয়মিত পরীক্ষার দ্বারা চিকিৎসাকে ফলপ্রসু হ'তে দেখা।
→ ওষুধ থেকে হওয়া দুষ্প্রভাব থেকে বাঁচা আর চিকিৎসা করা।
→ রোগী আর তার আত্মীয়দের ডাক্তারের সহায়তাতে প্রতিদিনের কাজ নিজে নিজে করতে শেখে।
→ রোগীকে শেখানো তার রোগ-সীমাতে কীভাবে থাকা উচিত।
→ কিছু বিশেষ পরিস্থিতিতে, যেমন—গর্ভের সময়, শল্য চিকিৎসা, দুর্ঘটনা, মৈথুন ক্রিয়া, যাত্রা ইত্যাদিতে বিশেযজ্ঞদের পরামর্শ নেওয়া উচিত।
→ রোগীদের সমাজে স্বাভাবিক বা মোটামুটি স্বাভাবিক জীবন অতিবাহিত করতে দেওয়া।

চিকিৎসার প্রতিরূপ

→ জীবন-যাপনে পরিবর্তন।

→ খাওয়া-দাওয়ার ব্যবস্থা।

→ শারীরিক পরিশ্রমের ভূমিকা।

→ যোগের ভূমিকা।

→ প্রাকৃতিক চিকিৎসা।

→ এ্যালোপ্যাথিক ওষুধ দিয়ে চিকিৎসা।

→ আয়ুর্বেদিক ওষুধ দিয়ে চিকিৎসা।

→ চুম্বক দিয়ে চিকিৎসা।

→ অ্যাকুপ্রেশার দ্বারা চিকিৎসা।

→ রঙ-এর দ্বারা চিকিৎসা।

→ সংগীত দ্বারা চিকিৎসা।

→ ফেংশুই।

জীবন-যাত্রার পরিবর্তন

মধুমেহ-রোগ বেশীর ভাগ ব্যক্তিদেরই অব্যবস্থিত জীবন-যাত্রার কারণেই হয়ে থাকে। আধুনিক জীবনে অবসাদ ও দৌড়ঝাঁপেই ব্যক্তির স্বাস্থ্যের উপর খারাপ প্রভাব ফেলে। অফিসে ব্যস্ত কাজকর্ম, কার্যালয়ে বিভিন্ন কাজের সীমা ও লক্ষ্য প্রাপ্ত করা, পরিবার ও সমাজের প্রতি দায়িত্ব, ব্যক্তির প্রতিদিনের কার্যতালিকা, খাওয়া-দাওয়া ও শোওয়ার সময়কে প্রভাবিত করে।

যদি মধুমেহতে পীড়িত ব্যক্তি নিজের দিনচর্যাতে নিম্নলিখিত পরিবর্তন করে, তাহলে এর দীর্ঘস্থায়ী ও লাভকারী ফল পাওয়া যেতে পারে।—

→ সুস্থ জীবনযাত্রাযুক্ত ব্যক্তিরা নিয়মিত ব্যায়াম আর দিনে বেশী কাজ করে বেশী লাভবান হ'তে পারেন।

→ অবসাদ কম করার জন্য যোগাসন, প্রাণায়াম ও ধ্যান এবং জীবনের প্রতি সাকারত্মক চিন্তা থেকেও লাভবান হ'তে পারেন।

→ ধূমপান, তামাকের উৎপাদন, যেমন—জর্দা, গুটখা, খৈনী ইত্যাদি সম্পূর্ণ বাদ দিতে হবে।

→ চা, কফি আর অ্যালকোহল বেশী গ্রহণ করা থেকে বাঁচতে হবে এবং এর প্রয়োগ একেবারে কম রাখতে হবে।

→ স্থূলতা, অলস জীবনযাত্রা ও অবসাদ ভরা কাজকর্ম বা যাদের পরিবারে মধুমেহর রোগ আছে, তার নিজের ওজন, খাওয়া-দাওয়া, জীবনের প্রতি চিন্তা-ভাবনার ওপর নিয়ন্ত্রণ রাখা উচিত।

এভাবে আমরা দেখি যে খাওয়া-দাওয়ার উপর নিয়ন্ত্রণের ফলে কেবল ওজন কম নয়, এছাড়া এর কিছু তৎকালীন ও দীর্ঘকালীন উদ্দেশ্যও আছে, যা মধুমেহ রোগীদের ক্ষেত্রে গুরুত্বপূর্ণ ভূমিকা পালন করে।

মধুমেহ একটা কঠিন রোগ অতএব যাকিছু খাওয়া-দাওয়া, এর রোগীকে লিখে দিতে হবে, যা এমন হ'তে হবে যা রোগীর সমস্ত দিক থেকে পছন্দ হবে।

মধুমেহ রোগে খাওয়া-দাওয়ার গুণ

→ রোগীর সাধারণ খাদ্যে সামান্য পরিবর্তন হওয়া উচিত।

→ সেটা রুচিকর হওয়া উচিত।

→ সেটা আলাদা আলাদা দিনের হিসাবে পাল্টানো উচিত।

→ সেটা আর্থিক ক্ষমতার মধ্যে হওয়া উচিত।

→ খাদ্যে এমন ব্যবস্থা রাখতে হবে যাতে রক্ত শর্করাতে কোনো বড়ো পরিবর্তন না হয়।

→ খাদ্য পরিবারের অন্য সদস্যদের খাদ্য থেকে যেন আলাদা না হয়।

→ এটা সহজ হওয়া উচিত, যাতে রোগী বা তার পতি/পত্নী একে সহজে বুঝতে পারে।

কোনো খাদ্যে প্রধান গুণগুলি হলো—ক্যালোরী, কার্বোহাইড্রেট, চর্বি, সবজী, ফল আর তন্তু জাতীয়।

ক্যালোরি—ক্যালোরির অর্থ খাদ্যে শক্তির মাত্রা। এর প্রয়োজনীয়তা বয়স, বাস্তবিক ও অপেক্ষাকৃত শরীরের ওজন আর কাজ করার ওপর নির্ভর করে।

নীচের তালিকাতে আলাদা আলাদা লোকেদের জন্য ক্যালোরির প্রয়োজনীয়তার তালিকা দেওয়া হয়েছে।—

বিভিন্ন মধুমেহ রোগীদের ক্যালোরির প্রয়োজনীয়তা—

	মধুমেহ রোগী	কি.গ্রা. ক্যালোরি প্রতিদিন
1.	শ্রমিক কৃষক	2600
2.	যুবক আর কঠিন পরিশ্রম করা ব্যক্তি	2400

3.	গর্ভবতী মহিলা	2300
4.	অর্ধবয়স্ক, মোটা বা অলস ব্যক্তিদের জন্য	2000
5.	মধ্যবয়স্ক ঘরোয়া মহিলা	1700
6.	বৃদ্ধ আর অলস লোকেদের	1500
7.	বৃদ্ধ আর মোটা লোকেদের	1000-1200

কার্বোহাইড্রেট

কার্বোহাইড্রেট প্রধানত শস্য, যেমন—চাল, গম ইত্যাদি যা সাধারণত রোগীরা খেয়ে থাকে তাতে পাওয়া যায়। সংশোধিত স্বাভাবিক চিনি, যেমন—চিনি, মধু, জ্যাম, কেক, পেস্ট্রী ইত্যাদিকে বারণ করা হয়, কারণ এটা রক্ত শর্করাকে একেবারে বাড়িয়ে দেওয়ার কাজ করে।

ভারতে কার্বোহাইড্রেটের প্রয়োজনীয়তা 150-300 গ্রাম প্রতিদিন। কিছু খাদ্য-বিশেষজ্ঞরা বলেন—এর মাত্রা সম্পূর্ণ ক্যালোরির দশ ভাগের 30-50 গ্রাম যোগ করে বের করা হয়। সমস্ত কার্বোহাইড্রেট-র আবশ্যকতা 3 বার খাওয়া থেকে 60%, 2-3 বার জলখাবার থেকে 30%, আর দুধ থেকে 10% সম্পূর্ণ করতে হবে।

প্রোটীন

প্রোটীনের সবচেয়ে বড়ো উৎস পশুর মাংস থেকে, কিছু এটা দামী হওয়ার কারণে ভারতীয় পরিবারে কেবলমাত্র প্রতি সপ্তাহে এক বা দু'বার গ্রহণ করা যেতে পারে। শাকাহারী প্রোটীন, যেমন—ডাল, কালো ছোলা, সবুজ ছোলা, মটর ইত্যাদি থেকে পাওয়া যায়। শষ্যদানা ও চাল থেকেও কিছু প্রোটীন পাওয়া যায় আর একটা থেকে অ্যামিনো অ্যাসিড অন্য জিনিস থেকে পূরণ হয়ে যায়। প্রত্যেক বারের খাদ্যে কিছু মাত্রাতে প্রোটীন থাকা উচিত। একজন বয়স্কর মধ্যে প্রোটীনের আবশ্যকতা 1গ্রাম প্রতি কি.গ্রা. প্রতিদিন আর বাচ্ছা, গর্ভবতী মহিলা আর স্তনপান করানো মহিলাদের মধ্যে এর প্রয়োজনীয়তা প্রতিদিন 1.5-2 গ্রাম প্রতি কি.গ্রা.।

চর্বিজাতীয় (ফ্যাটস্)

খাদ্যে চর্বি—তেল, ঘি, ডিম আর মাংস থেকে পাওয়া যায়। প্রায় 50% চর্বি পালীঅনস্যা -চুরেটেড ফ্যাটি অ্যাসিড (PUFA)-র রূপে হওয়া উচিত। বেশী ফ্যাট জাতীয় খাদ্য গ্রহণ করলে, যেমন—হার্টঅ্যাটাক, স্ট্রোক, অন্ধতা হ'তে পারে। সেজন্য মধুমেহ রোগীর রক্ততে চর্বির স্তর নিয়মিত রাখা উচিত আর মধ্য আয়ু আর বৃদ্ধলোকেদের মধ্যে একে অত্যন্ত কম রাখা উচিত। স্বাভাবিক স্তর 180 থেকে 250 মি. গ্রা. প্রতি 100 মি. লি. রক্ত হয়ে থাকে। ফ্যাটের প্রয়োজনীয়তা প্রতিদিন 50 থেকে 150 গ্রাম হয়ে থাকে।

শাক-সবজী আর ফল

সবুজ পাতাযুক্ত সবজী যেমন—পালং, শশা, উচ্ছে, বাঁধাকপি, ঢ্যাঁড়স ইত্যাদি এবং ফল এমন বস্তু, যা রোগীর খিদে মেটানোর সাথে সাথে ক্যালোরিও দিয়ে থাকে। এই খাদ্যে তন্তু জাতীয় পদার্থ থাকার ফলে কোষ্ঠকাঠিণ্য হ'তে দেয় না।

মধুমেহ রোগীর খাদ্য-তালিকা

একজন মধুমেহ রোগীর খাদ্য-তালিকাতে নিম্নলিখিত গুণগুলি থাকা আবশ্যক।—

→ তালিকাতে জলখাবার, দুপুরের খাবার, চায়ের সাথে খাবার আর রাত্রির খাবার থাকা প্রয়োজন।

→ যে সমস্ত রোগীরা দীর্ঘদিন ধরে ইন্স্যুলিন গ্রহণ করছে তাদের সন্ধ্যা পাঁচটার সময় জলখাবার আর শোবার সময় কিছু খাবার দেওয়া উচিত, যাতে তার রক্ত শর্করা একদম কমে না যায়।

→ মধুমেহ রোগযুক্ত বাচ্ছাদের সকাল সকাল জলখাবার দেওয়া উচিত।

শষ্য থেকে উৎপাদিত	ক্যালোরি	শষ্য থেকে উৎপাদিত	ক্যালোরি
বাজরা	361	ম্যাকোরনি (30 গ্রাম)	115
কর্ণফ্লেক্স (25 গ্রাম)	95	প্লেন পরোটা	245
মক্কার আটা	355	মুসুর	343
ভুট্টা	125	রাজমা	336
পপকর্ণ (50 গ্রাম)	170	সয়াবিন	432
রাগী	328		
চাল (মিলের)	345	**ডাল (ছোটো)**	
ভাত (রান্না করা, 60 গ্রাম)	70	ভাজা ছোলা	369
মুড়ি	325	সবুজ ছোলা	334
সাবুদানা	351		
সুজী	348	অঙ্কুরিত বিন	85
গমের আটা	341	অঙ্কুরিত মুগ	60
রুটী (35 গ্রাম আটা)	119	ছোলার ডাল	372
পাউরুটী (1টা স্লাইস)	60	অড়হর ডাল	347
ওট্মল (27 গ্রাম)	110	রান্না করা ডাল (92 গ্রাম)	92
বন্	80	বাদাম (1কাপ)	12
ধোসা (প্লেন)	130	সাম্বার (½ কাপ)	105
ইডলি (1টা মিডি.)	100	গুড় (15 গ্রাম)	57
ডালিয়া (মিষ্টি)	215	মধু (1চা চামচ)	30

জ্যাম (5 গ্রাম)	20
চিনি (1কিউব)	12
চিনি (5 গ্রাম)	16

ফ্যাট (চর্বি) এবং তেল

মাখন (প্রক্রিয়াকরণ)	755
ক্রিম	213
ঘি (মাখন-ফ্যাট)	900
বনস্পতি তেল	900
মার্জারিন	755
বনস্পতি (ডালডা)	900

দুধ এবং দুধ থেকে উৎপাদিত

গরুর দুধ (1কাপ)	100
মোষের দুধ (1কাপ)	115
দুধ (স্ট্যান্ডারাইজ) (1কাপ)	137
দুধ (স্কিমড্) (1কাপ)	45
দুধ (টোনড্) (1কাপ)	100
দুধ কন্ডেনড্) (1কাপ)	320
দুধ (পাউডার)	496
বাটার দুধ (1গ্লাস স্কিমড্)	25
ছানা (গরুর দুধ)	265
আমূল চিজ	368
দই (গরুর দুধ)	60
খোয়া (স্কিমড্, মোষ)	206
কাস্টার্ড (রান্না করা)	114
আইসক্রিম	205
ক্ষীর (পায়েস)	178
মিল্ক কেক	331
ক্রিম	220
পনীর (100 গ্রাম)	100

মাংস থেকে উৎপাদিত

শূকরের মাংস (কাঁচা)	405
গরুর মাংস	114
ুরগীর মাংস (ফ্রায়ার)	107
মুরগীর মাংস (ব্রয়লার)	151
ডিম 1 (40 গ্রাম)	65
ডিম (কুসুম)	52
শূকরের জঙ্ঘা (রান্না)	305
ভেড়া (লিভার, কাঁচা)	135
পাঁঠার (মাংসপেশী)	194
মাংসের কাবাব	312

মাছ

ফ্লেশ	165
হেরিং (সামুদ্রিক)	106
ইলিশ	273
কাতলা	111
লবস্টার (চিংড়ি গলদা)	90
মৃগেল	98
পমফ্রেট	87
রুই	97
সার্ডিন (সামুদ্রিক)	80
সিঙ্গী	165

বাদাম ইত্যাদি

বাদাম (10 গ্রাম)	65
কাজু (10 গ্রাম)	88
শুকনো নারকেল	662
কাঁচা নারকেল	41
চিনা বাদাম	560
আখরোট (15 গ্রাম)	102

সবজী

ছোলার শাক	45

বাঁধা কপি	45
কচু শাক	56
মেথী শাক	49
সরষে শাক	34
মূলো শাক	28
পালং	26

লতাপাতা এবং মূল

গাজর	48
কচু	97
পদ্মের বীজ	53
পিঁয়াজ	50
আলু	97
মিষ্টি আলু	120
শালগম	79
খাম আলু	79

অন্যান্য সবজী

চাল কুমড়ো	10
করোলা	25
ধুধুল	12
বেগুন	24
সিম	48
ফুলকপি	30
এলাচ	229
কাঁচা লঙ্কা	29
শুকনো লঙ্কা	229
শুকনো লবঙ্গা	285
ধনে	288
বিনস্	26
রসুন (শুকনো)	145
তাজা আদা	67
কাঁঠাল	51
ঢ্যাড়শ	35
মাশরুম	42
আমলা	8
কাঁচা পেঁপে	27
পটল	20
মটর	93
পুদিনা (শুকনো)	304
পুদিনা (কাঁচা)	98
কাঁচা কলা	64
হলুদ	349
পানিফল	115

ফল

আপেল	56
কলা	153
কুল জাতীয় ফল	53
চেরী	70
খেজুর	283
আঞ্জীর	75
আমড়া	66
কালো আঙুর	45
আঙুর	32
জাম	47
লিচু	61
লকেট	43
আম	50-80
খরমুজ (সাদা)	16
ছোটো কুল	53
তরমুজ	16
কমলালেবু	53
পেঁপে	32
ন্যাশপাতি	51
আনারস	46
আলুবোখরা	56
বেদানা	77

সবেদা	97
মুসাম্বি	43

শুকনো ফল

আখরোট	306
খেজুর	317
আঞ্জীর (শুকনো)	55
খরমুজের বীজ	607
কিশমিশ, মনাক্কা	315

স্যালাড আর স্যুপ

বীট	62
বাঁধাকপি	27
গাজর	48
শশা	13
স্যালাড পাতা	21
সাদা মূলো	17
লাল মূলো	32
পাকা টম্যাটো	21
পাঁঠার মাংসের স্যুপ (150 মি.লি.)	115
মুরগির স্যুপ (150 মি.লি.)	85
সবজীর স্যুপ (150 মি.লি.)	12
টম্যাটো ক্রিম স্যুপ (150 মি.লি.)	85

বিস্কুট আর কেক

বিস্কুট (নোনতা)	15
বিস্কুট (মিষ্টি)	24
অ্যারারুট বিস্কুট	20
চিজ বিস্কুট (3.5 গ্রাম)	20
নারকেল বিস্কুট (13 গ্রাম)	80
কেক চকোলেট (45 গ্রাম)	165
ফ্রুট কেক (30 গ্রাম)	117
সাদা কেক (40 গ্রাম)	146

জলখাবার আর মুখোরোচক খাবার

চাকলি (গমের আটা)	550
চাট	474
চিঁড়ে (ভাজা)	420
ডালের বড়া (30 গ্রাম)	200
ঢোকলা	122
পকোড়া	200
আলু চিপস্ (20 গ্রাম)	110
আলুর কচুরী	166
সুজির পোলাও	326
সিঙ্গাড়া	256
কাটলেট	125
আলু বড়া	118
পাঁপড় (ভাজা)	43
পাঁপড় (সেঁকা)	25
টম্যাটো স্যান্ডুইচ	180

মিষ্টি

বাদামের হালুয়া	570
বালুশাই	469
বর্ফী (25 গ্রাম)	100
ফ্রুট জেলী	75
গুজিয়া	500
গোলাপজাম (25 গ্রাম)	100
জিলিপি	412
অমৃতি (40 গ্রাম)	200
রসগোল্লা (30 গ্রাম)	100
শোন্ হালুয়া	400
সুজির হালুয়া	136
সন্দেশ	57

যেকোনো ঠাণ্ডা পানীয় বা অ্যালকোহল পানীয়

আপেল জুস (200 ml)	96

নারকেল জল (200 ml)	50	শেরী (60 ml)	84
অরেঞ্জ জুস (200 ml)	95	ওয়াইনস্ (100 ml)	160
চা (1আউন্স, চিনি ও দুধ ছাড়া)	22		
কফি (1আউন্স, চিনি ও দুধ ছাড়া)	25	**অন্যান্য জিনিস**	
কোক (1 বোতল)	80	হরলিকস্ (10 গ্রাম)	41
লিম্কা (1 বোতল)	50	ওভালটিন/বোর্নভিটা (10 গ্রাম)	38
গ্র্যাপস্ ফ্রুট জুস (200 ml)	65	আচার (20 গ্রাম)	
বিয়ার (240 ml)	112	(১) আম	65
ব্র্যান্ডি (30 ml)	73	(২) সবজী (মিষ্টি)	40
জিন্ (dry) (43 ml)	105	তেঁতুলের শাঁস	285
রাম, হুইস্কি (60 ml)	105		

→ খাদ্য প্রতিদিন এক মাপের হওয়া উচিত।

→ ইন্স্যুলিন ইঞ্জেকশন নেওয়া রোগীরা খেতে দেরী করা বা না খাওয়া অত্যন্ত বিপজ্জনক।

মধুমেহ রোগীর খাদ্যের প্রকারভেদ

খাদ্য-বিশেষজ্ঞদের মতানুসারে মধুমেহ রোগীদের খাদ্য দু'ধরণের হওয়া উচিত।—মাপ-জোপ করা খাদ্য, আর মাপ-জোপ না করা খাদ্য।

মাপ-জোপ করা খাদ্যে মধুমেহ রোগীদের খাদ্যে কোন্ কোন্ ভোজ্য পদার্থ কতটা নেওয়া উচিত, তার ঠিকঠাক মাত্রা ওজন করে নেওয়া। এটা বেশীর ভাগ মধ্যবয়স্ক মোটা ব্যক্তিদের জন্য গুরুত্বপূর্ণ। যাদের নিজের ওজন কম করা আবশ্যকতা থাকে। এধরণের লোকেদের মধ্যে উচ্চ ক্যালোরি যুক্ত পদার্থ, যেমন—চাল, গমের আটা, ডবল রুটি, ডাল, তেল, ঘি, মাখন ইত্যাদিকে মেপে নেওয়া প্রয়োজন। ঘরোয়া বাসন, যেমন—বাটি, চামচ, প্লেট ও রুটির আকার প্রত্যেক বাড়িতে আলাদা আলাদা হয়ে থাকে। সেজন্য গমের আটা, ডবল রুটি আর চাল ইত্যাদি মেপে তার মাত্রা নিশ্চিত করা উচিত। পরে বাড়ীর মহিলারা না ওজন করেও এব্যাপারে আন্দাজ করতে পারে।

এধরণের প্রায় 1500 কি. গ্রা. ক্যালোরি দেওয়া ভোজ্য সামগ্রীর নমুনা নীচে দেওয়া হলো—

→ সকালে উঠে চা 30 মি.লি. দুধের সাথে এক কাপ চা বা দুধ, চিনি ছাড়া।

→ সকালের জলখাবার একটা ডিম বা 30 গ্রা. পনীর একটা ডবল রুটি বা 2টো চাপাটি (20 গ্রা.) বা ইডলি, এক কাপ 30 মি.লি. চিনি ছাড়া দুধ।

→ সকালে মধ্যবর্তী সময়ে জলখাবার—2টো মিষ্টি বিস্কুট বা 4টে নোনতা বিস্কুট বা ফল।

→ এক কাপ চা বা কফি (30 মি.লি. চিনি ও দুধ ছাড়া)।

→ দুপুরে খাওয়া—30 গ্রা. ডাল বা 35 গ্রা. পনীর বা 50 গ্রা. মটন বা 70 গ্রা. চিকেন বা 100 গ্রা. মাছ। দুটো রুটি (20 গ্রা.) মিক্সড সবজী 100 গ্রা., দই 120 মি.লি., স্যালাড 125 গ্রা.।

→ চা—2টো মিষ্টি বিস্কুট বা 4টে নোনতা বিস্কুট বা ফল।

→ এক কাপ চা বা কফি (30 মি.লি., দুধ ছাড়া)

→ রাতের খাওয়া—30 গ্রা. ডাল বা 35 গ্রা. পনীর বা 50 গ্রা. মটন বা 70 গ্রা. চিকেন বা 100 গ্রা. মাছ, দুটো রুটি (20 গ্রা.), মিক্সড সবজী (100 গ্রা.), দই 100 মি.লি., স্যালাড 125 গ্রা.।

→ রাতে শোবার সময়—200 মি.লি. দুধ।

মধুমেহ রোগীর খাদ্যে কিছু অন্য বৈশিষ্ট্য

→ যখন ইন্‌স্যুলিন ইঞ্জেকশন নেওয়া হয়, সংক্রমণ হয়, পেটখারাপ, বমি, সামাজিক বা ধার্মিক অনুষ্ঠান বা উপবাস তখন খাদ্যের বিশেষ ব্যবস্থা প্রয়োজন।

→ উচ্চ রক্তচাপযুক্ত ব্যক্তিদের খাদ্যে নুনের পরিমাণ কম করতে হবে।

→ টি.ভি. দেখতে দেখতে খাওয়াতে বেশী ক্যালোরি গ্রহণ করা হয়ে থাকে।

→ বাইরে বাজারে গেলে বা ভ্রমণে গেলে, যখন বাইরে খাওয়া হয়, তখন খাদ্যে বিশেষ খেয়াল রাখতে হবে।

→ যখন কোনো ব্যক্তি মানসিকভাবে প্রসন্ন বা অবসাদগ্রস্ত, বিরক্ত বা একাকী তখন সে হয় বেশী খায় নয়ত কম খাদ্য গ্রহণ করে।

→ খাদ্যের সাথে যুক্ত কিছু ভুল-ভ্রান্তিতে পড়া উচিত নয় আর ভুল ধারণা, যেমন—হার্ড ফুড, কোল্ড ফুডে বিশ্বাস করা উচিত নয়। কোনো সন্দেহ হলে ডাক্তারের পরমার্শ বা খাদ্য বিশেষজ্ঞের পরামর্শ নেওয়া উচিত।

→ চিনি যুক্ত, ওষুধ, চ্যুয়িং গাম, ঠাণ্ডা পানীয়, কাশির ওষুধ, টনিক ইত্যাদির প্রয়োগ সাবধানে করা উচিত।

জীবনে এই সিদ্ধান্ত গ্রহণ করা উচিত—আমরা বাঁচার জন্য খাই, খাওয়ার জন্য বাঁচি না।

এইভাবে কত ক্যালোরি প্রয়োজন, তার হিসাবে খাদ্যের মাত্রা পরিবর্তিত করা যেতে পারে।

→ গমের আটা বা ডবল রুটির ওজন বাড়িয়ে।

→ তেল বা ঘিয়ের পরিমাপ বাড়িয়ে।

→ মাখনের মাত্রা বাড়িয়ে।

→ স্কিমড্ দুধের থেকে স্ট্যান্ডার্ড দুধে গিয়ে।

→ খাদের তত্বের তালিকাতে ক্যালোরি অনুমান করে।

খাদ্যের তত্বের ক্যালোরি অনুমান

(ক্যালোরি 100 গ্রামের দেওয়া হয়েছে, যদি কোনো মাত্রা আলাদা না নেওয়া হয়।)

মাপ-জোপ ছাড়া মধুমেহ রোগীর খাদ্য

যে সমস্ত রোগীরা সামান্য মোটা বা সামান্য ওজন বা যারা নিজেদের খাদ্য মাপজোপ করতে পারে না, তাদের জন্য এই খাদ্য প্রয়োগ করা হয়ে থাকে। এতে তিন রকমের খাদ্য পদার্থ থাকে।—

1. খাদ্য পদার্থ, যা একেবারে নেওয়া হয় না, যেমন—চিনি এবং বেশী চর্বিযুক্ত পদার্থ।

2. যে খাদ্য পদার্থ, যা কম মাত্রায় নিতে পারে।

3. যে খাদ্য পদার্থ, যা যেকোনো মাত্রায় নিতে পারে।

খাদ্য পদার্থ—যাকে খাওয়া উচিত নয়।

→ চিনি/গ্লুকোজ, গুড়।

→ জ্যাম, জেলি।

→ মার্মলেড।

→ মধু।

→ কৌটোতে ভরা ফল আর ফলের রস।

→ মিষ্টি, চকোলেট।

→ লেবু জল আর ঠাণ্ডা পানীয়, যেমন—কোকোকোলা, লিমকা।

→ কেক, পেস্ট্রী।

→ মিষ্টি বিস্কুট।

→ পুডিং।

→ ক্রিম আর ক্রিম চিজ।

→ দই।

→ খাওয়ার পর মিষ্টি।

→ আইসক্রিম, কুলপী, ক্যান্ডি।

→ ভাজা জিনিস, যেমন—পরোটা, সিঙ্গাড়া।

→ ওয়াইন আর বিয়ার।

→ মাখন, ঘি।

যে সমস্ত খাদ্য পদার্থকে কম মাত্রায় নিতে পারে—

→ সমস্ত রকমের রুটি।

→ রোল, বিস্কুট।

→ আলু, মিষ্টি আলু, কচু।

→ মটর আর ভাজা বিনস্।

→ সকালের জলখাবার।

→ টাটকা বা শুকনো মেওয়া।

→ সেগুই।

→ কাস্টার্ড আর বেশী আটাযুক্ত খাবার।

→ ফুল ক্রিম দুধ।

→ পালিশ করা সাদা চাল।

→ গম এবং বাজরা থেকে তৈরী বস্তু—সুজি, ময়দা, সাবুদানা, অ্যারারুট।

যে সমস্ত খাদ্য সামগ্রী ভালোভাবে গ্রহণ করতে পারে।—

→ মাংস, মাছ, ডিম (ভাজা ছাড়া)।

→ চিজ্।

→ টম্যাটো আর লেবুর রস।

→ চিনি ছাড়া চা বা কফি।

→ সবুজ এবং পাতাযুক্ত সবজী, যেমন—করোলা, ফ্রেঞ্চ বিনস্, বেগুন, ঢ্যাড়স, বাঁধাকপি, কাঁকড়ি, সোয়াবিন।

→ মশলা, নুন, গোলমরিচ আর সরষে।

→ স্যাকারিন থেকে উৎপাদিত খাদ্য।

→ ভুষিসমেত গমের আটা আর লাল চাল।

→ স্কিমড্ মিল্ক।

→ কম মিষ্টি ফল, যেমন—পেয়ারা, পেঁপে, জাম, ফলসা, আপেল আর কমলালেবু।

শারীরিক ব্যায়ামের গুরুত্ব

মধুমেহ-র রোগে খাওয়া-দাওয়া ছাড়া শারীরিক কার্যও গুরুত্বপূর্ণ ভূমিকা রাখে। শারীরিক কার্য টাইপ—1 (যারা কম ওজনযুক্ত) আর টাইপ—2 (যারা বেশী ওজনযুক্ত) রোগীদের ক্ষেত্রে গুরুত্বপূর্ণ। যেকোনো ব্যক্তির বেশী ওজনযুক্ত বা মোটা মনে করা তার বডিমাস্ ইন্‌ডেক্স বের করা হয়, যা তার ওজনের (k.g) তার উচ্চতা (মিটারে)-র বর্গকে ভাগ করাতে পাওয়া যায়।

বডি মাস্ ইন্‌ডেক্স = ওজন (কি.গ্রাতে)/উচ্চতা × উচ্চতা (মিটারে)।

ব্যক্তিকে মোটা বা বেশী ওজনযুক্ত মনে করা হয়, যদি তার বডি মাস ইন্‌ডেক্স 30 বা তার বেশী হয় আর মহিলাদের যদি 28.6 বা তার বেশী হয়।

নীচের তালিকাতে আদর্শ ওজন যা নাম্বার হিসাবে হওয়া উচিত, দেওয়া হয়েছে।

উদাহরণের জন্য—যদি কোনো ব্যক্তির উচ্চতা 1.6 মিটার (5 ফুট 4 ইঞ্চি) হয় আর ওজন 78 কে. জি. হয় তাহলে তার বডি মাস্ ইন্‌ডেক্স = 78/1.6 × 1.6 = 30.5 হবে, অর্থাৎ সেই ব্যক্তি মোটা। যদি তার ওজন 65 কে. জি. হয় তাহলে তার বডি মাস্ ইন্‌ডেক্স = 65/1.6 × 1.6 = 25.4 হবে, অর্থাৎ সেই ব্যক্তি স্বাভাবিক।

স্বাভাবিক ও মোটা ভারতীয় পুরুষ ও মহিলাদের ওজন

জুতো ছাড়া উচ্চতা						
মিটার	ফিট	ইঞ্চি				
1.45	4	10			42-53	64
1.48	4	11			42-54	65
1.50	5				43-55	66
1.52	5	5			44-57	68
1.54	5	1			44-58	70
1.56	5	2			45-58	70
1.58	5	3	51-64	77	46-59	71
1.60	5	4	52-65	78	48-61	73
1.62	5	5	53-66	79	49-61	74
1.64	5	5.5	54-67	80	50-64	77
1.66	5	6	55-69	83	51-65	78
1.68	5	7	56-69	85	52-66	79
1.70	5	8	56-71	88	53-67	80
1.72	5	9	59-74	89	55-69	83
1.74	5	10	60-75	90	56-70	84
1.76	5	10.5	62-77	92	58-72	86
1.78	5	11	64-79	95	59-74	89
1.80	6		65-80	96		
1.82	6	1	66-82	98		
1.84	6	2	67-84	101		
1.86	6	2.5	69-86	103		
1.88	6	3	71-88	106		
1.90	6	4	73-90	108		
1.92	6	5	75-93	112		

ব্যায়ামের ফল

ওজন কমে যাওয়া

ব্যায়ামে সবচেয়ে ভালো ফল পাওয়া যায় শরীরের ওজন কমাতে। এটা টাইপ—2-এর মধুমেহ রোগীর জন্য, যারা মোটা, তাদের জন্য বেশী গুরুত্বপূর্ণ। এটা পরীক্ষা দ্বারা জানা গেছে তারা ব্যায়ামের দ্বারা যদি নিজেদের ওজন স্বাভাবিক স্তরে আনতে পারেন তবে তারা স্বাভাবিকভাবে জীবন-যাপন করতে পারেন অর্থাৎ তাদের মধুমেহ রোগ নিয়ন্ত্রিত হয়ে যাবে।

ইন্স্যুলিন-এর প্রভাব বৃদ্ধি

ওজন কম হওয়া ছাড়া নিয়মিত ব্যায়াম করলে ইন্স্যুলিনের প্রভাবে বৃদ্ধি হ'তে থাকে, যাতে রক্ত শর্করা কমে যায় আর শরীরে গ্লুকোজের প্রবাহ কম হ'তে থাকে। টাইপ-1 মধুমেহ রোগীদের মধ্যে যেখানে ইন্স্যুলিন কম থাকে, ব্যায়ামের দ্বারা ইন্স্যুলিনের চাহিদা কম হয় আর তার প্রভাব বেড়ে যায়। টাইপ-2 মধুমেহ রোগীদের মধ্যে যেখানে অগ্নাশয়তে ইন্স্যুলিন অনেক কম থাকে, ব্যায়ামের দ্বারা যতটা ইন্স্যুলিন পাওয়া যায় তার প্রভাব বেড়ে যায়। এটা পরিক্ষিত যে—মোটা ব্যক্তিদের ইন্স্যুলিন প্রাপ্ত করার মতো কোষ অনেক কম থাকে আর এই কারণে সাধারণ গতিবিধির জন্য যে ইন্স্যুলিন গ্লুকোজ প্রয়োজন হয় তা তৈরী হওয়া ইন্স্যুলিন মেটাতে পারে না। সে কারণে বেশী গ্লুকোজ রক্তে চলে আসে আর মধুমেহ রোগ শুরু হয়ে যায়। যখন মোটা ব্যক্তিরা ওজন কম করে, তখন ইন্স্যুলিন প্রাপ্ত করার কোষ বেড়ে যায় আর সমস্ত কোশিকাতে সমুচিত গ্লুকোজ পায় আর রক্তে গ্লুকোজের স্তর স্বাভাবিক হয়ে যায়। এভাবে ওজন কম করার ফলে মধুমেহ নিয়ন্ত্রণ বা তার চিকিৎসা শুরু হ'তে থাকে।

হার্টের রোগের ক্ষেত্রে বিপদ কম

মধুমেহ রোগের জন্য কিছুদিন পরে হৃদ-রোগের সমস্যাও দেখা দেয়। এরকম রক্ত নালিকাতে চর্বি জমে যাওয়ার ফলে হয়ে থাকে যার ফলে রক্ত প্রবাহ কমে যায় আর হৃদ-আক্রান্তর সম্ভাবনা বেশী থাকে। ব্যায়াম করলে হার্টে রক্ত চলাচলের ক্ষমতা বেড়ে যায় আর একটা রক্ষাত্মক তত্ব থাকে, তাকে হাই ডেনসিটি লীপোপ্রোটিনস (HDL's) বলা হয় তার স্তরও বেড়ে যায়। আর এই HDL's -এর কারণে অপ্রত্যক্ষভাবে রক্তে চর্বি বা কোলেস্ট্রোরেল কম হয়ে যায়, আর রক্ত সঞ্চারে পরিবর্তন আসে।

রক্তচাপ স্বাভাবিক হয়ে যায়

এটা সর্বজনবিদিত যে মধুমেহ-র সাথে উচ্চ রক্ত চাপও যুক্ত থাকে। ব্যায়াম-এর দ্বারা রক্তচাপ স্বাভাবিক হয় আর হার্টে এবং পাকস্থলিতে রক্ত সঞ্চালন স্বাভাবিক হয়ে থাকে যাতে রক্ত নালিকাতে চর্বি জমতে পারে না।

ভালো চিন্তা-ভাবনাতে পরিবর্তন

শারীরিক আর মানসিক চিন্তা ও অবসাদ কম হওয়ার ফলে ব্যায়াম দ্বারা রোগীর মনে ভালো চিন্তা-ভাবনা বাড়তে থাকে। নিয়মিত ব্যায়ামে রোগী নিজেকে সুস্থ, আরামজনক এবং প্রসন্ন অনুভব করে।

ওষুধের প্রয়োগ কম এবং খরচও কম

ব্যায়াম করার ফলে ওষুধ আর ইঞ্জেকশন কম লাগে যা মধুমেহ-র উপর নিয়ন্ত্রণ করতে নেওয়া হয়। এর প্রয়োগ কম করতে পারা যায় ফলে ওষুধের জন্য খরচও কম হয়ে থাকে।

ব্যায়ামের প্রকার

চিকিৎসা করা ডাক্তার বা সমস্ত মধুমেহ রোগীদের কী ধরণের ব্যায়াম করা উচিত, তা বলে দেন। ব্যায়াম করার আগে রোগীদের ইলেকট্রো-কার্ডিয়োগ্রাম (ই.সি.জি) করা হয় আর হার্টের গতি মাপা হয়। এই গতির আদর্শ লক্ষ্য হলো 200 হৃদকম্পন প্রতি মিনিট (রোগীর বয়স অনুযায়ী) 70% থেকে বেশী হওয়া উচিত। উদাহরণস্বরূপ 5 বছর বয়স্ক রোগীর হার্টের গতি ব্যায়াম করার সময় 119 থেকে বেশী হওয়া উচিত নয়। এ ব্যাপারে কোন্ ব্যক্তিকে কী ব্যায়াম করতে হবে, সেটা নির্ধারিত করা হলো। সাধারণত ব্যায়ামকে হাল্কা, মধ্যম আর কঠিন—ভাগে ভাগ করা হয়েছে।

হাল্কা—হাঁটা-চলা, ঘরে কাজ-কর্ম, সাইকেল চালানো, বাগান তৈরী, নৌকা চালানো, দড়ি বেয়ে ওঠা বা গল্ফ খেলা।

মধ্যম—সাঁতার কাটা, ক্রিকেটে বল করা, ব্যাডমিন্টন খেলা, টেবিল টেনিস, রোলার স্কেটিং, ঘোড়সওয়ারী।

কঠিন (ভারী)—টেনিস, স্কোয়াশ, দৌড়নো (16 মাইল প্রতি ঘণ্টা), বরফের উপর স্কেটিং, স্কিয়িং, পর্বতারোহন।

ব্যায়ামের সময় ও ব্যবধান

ব্যায়াম যদি নিয়মিত করা যায় তাহলে তা হার্টকে স্বাভাবিক রাখে আর হার্টকে নিজের কাজ করতে কম পরিশ্রম করতে হয়। এই কারণে হার্ট-এ্যাটাক প্রতিরোধ করে আর ব্যক্তি সুস্থ আর সতেজ অনুভব করে। কিন্তু যদি ব্যায়াম নিয়মিত না করা হয় তাহলে এর সমস্ত উপকারই নষ্ট হয়ে যায়। সেজন্য ব্যায়াম কম করে সপ্তাহে তিন দিন বা একদিন ছেড়ে করা উচিত। ব্যায়ামের দ্রুততা এমন হওয়া উচিত যাতে হার্টের গতি স্বাভাবিক গতি থেকে বেশী না হয়। ব্যায়াম প্রতিদিন কম করে 30 মিনিট পর্যন্ত করা উচিত। ব্যায়ামের আগে

শরীরকে গরম করা ও পরে ঠাণ্ডা করা আবশ্যক। দ্রুত হাঁটা আর জগিং করা সব থেকে ভালো আর সুরক্ষিত ব্যায়ামের উপায়। ব্যায়ামের ভালো সময় খাওয়ার 15 থেকে 30 মিনিট বাদে। এই সময় আদর্শ হয়ে থাকে কারণ রক্ত শর্করা স্তর উচ্চ স্থানে থাকে আর নিম্ন রক্ত শর্করা হওয়ার সম্ভাবনা সবচেয়ে কম থাকে। ইন্স্যুলিন নেওয়া রোগীরা, যাদের কম রক্ত শর্করা স্তর বিপদে আছে, তাদের জন্য অত্যন্ত গুরুত্বপূর্ণ। এধরণের ব্যক্তিদের জন্য বিপজ্জনক খেলা যেমন—স্কুবা ডাইভিং, প্যারাশুটিং, বরফের উপর স্কেটিং ইত্যাদি করা উচিত নয়। অসুখের সময় বা অত্যন্ত ঠাণ্ডা বা গরম আবহাওয়াতে ব্যায়াম করা উচিত নয়। যদি প্রয়োজন হয় ব্যায়ামের সময় ঘরের একজন সদস্য সঙ্গো থাকা উচিত যাতে রক্ত শর্করা স্তর কম হতে না পারে।

যোগের ভূমিকা

প্রাচীন ভারতীয় উপায়গুলিতে যোগ—শারীরিক, মানসিক, নৈতিক আর আধ্যাত্মিক বিকাশে গুরুত্বপূর্ণ সংযোগ। মহর্ষি পতঞ্জলি যোগকে—"চিত্তবৃত্তি নিরোধ" বা মস্তিষ্ক আর তার বিক্ষিপ্ততার নিয়ন্ত্রক বলেছেন। তিনি যোগের আটটি রূপের প্রদর্শন করেছেন, যাতে সুস্থ, প্রসন্ন আর আধ্যাত্মিক জীবন পাওয়া যেতে পারে। সেটি নিম্নলিখিত :—

→ "য়ম" বা নৈতিক নিয়ম যেমন—অহিংসা, সত্যবাদিতা, সততা, ব্রহ্মচর্য্য আর নির্লিপ্ততা।

→ "নিয়ম" বা অনুশাসনে থাকা যেমন—শুদ্ধতা, সন্তোষ, মিতব্যয়িতা, আত্মনিরীক্ষণ আর ঈশ্বরে ভক্তি।

→ 'আসন" বা যৌগিক মুদ্রাগুলি।

→ "প্রাণায়াম" বা নিঃশ্বাসের উপর নিয়ন্ত্রণ।

→ "ধারণ" বা একাগ্রতা।

→ "ধ্যান" বা মেডিটেশন।

→ "সমাধি" বা গূঢ় ধ্যানের অবস্থা যাতে ব্যক্তি সার্বভৌমিক সত্তার সাথে নিজেকে মিলিত করে।

চিকিৎসার দৃষ্টিতে যোগকে নিম্নলিখিত ভাগে বিভাজিত করা যেতে পারে।—

→ যোগাসন।

→ যৌগিক ক্রিয়া।

→ প্রাণায়াম।

→ ধ্যান।

যোগাসন

যোগাসনের অর্থ—শরীরের যৌগিক মুদ্রা আছে যাতে শারীরিক, মানসিক আর আধ্যাত্মিক বিকাশ হয়ে থাকে। ব্যায়াম আর যোগাসনে কিছু পার্থক্য আছে, যা নিচের তালিকাতে দেওয়া হয়েছে।

ব্যায়াম আর যোগাসনের পার্থক্য

	ব্যায়াম	যোগাসন
1. শরীরের চলন	তাড়াতাড়ি হয়	আস্তে আস্তে আর এক রকমের হয়।
2. আয়ু	আলাদা আলাদা বয়সযুক্ত লোকেদের জন্য প্রতিবন্ধতা আছে বিশেষ করে বৃদ্ধ লোকেদের জন্য	যেকোনো বয়সের পুরুষ বা মহিলাদের দ্বারা দু'টোই মজবুত হয়।
3. শরীরে ভালো প্রভাব	মাংসপেশী মজবুত হয়	মস্তিষ্ক আর মাংসপেশী দু'টোই মজবুত হয়। নাড়ি এবং আরও আভ্যন্তরীণ অঙ্গাকে ঠিক করে।
4. পরিণাম (ফল)	চিন্তা, ক্লান্তি উৎপন্ন হয়	ক্লান্তি আসে না।
5. শরীর আর মস্তিষ্কের	মুখ্যতঃ শরীর এর বিকাশ হয়	শরীর, মস্তিষ্ক আর প্রাণ-এর বিকাশ হয়।
6. শরীরের নমনীয়তা	কম	বেশী।
7. ছেড়ে দিলে তার প্রভাব	একেবারে ছাড়তে পারেনা	যেকোনো সময় ছাড়তে পারে।
8. খাদ্য	বেশী পুষ্টিকর খাদ্য প্রয়োজন	সাধারণ আর শুদ্ধ খাদ্য চাই।
9. রোগ থেকে রেহাই আর চিকিৎসা	রেহাই সম্ভব কিন্তু চিকিৎসা নয়	রেহাই এবং চিকিৎসা দু'টোই সম্ভব।

যোগাসন মধুমেহ রোগের চিকিৎসাতে কীভাবে সহায়ক হয়

→ পেটের অগ্নাশয় সমেত সমস্ত অঙ্গোর মজবুত হওয়া আর পাচনতন্ত্রের এবং মেটাবলিজম-এ পরিবর্তন হয়ে থাকে।

→ মেটাবলিজমে পরিবর্তনের ফলে রক্তে চর্বি আর চিনির মাত্রা কম হয়ে থাকে।

→ নিউরোএন্ডোক্লাইন (হার্মানল) তন্ত্রের পরিবর্তন করে ও উত্তেজিত করে ইন্‌স্যুলিন আর অন্য হরমোনকে বেশী প্রভাবশালী করে তোলে।

→ প্রতিরোধক ক্ষমতা বাড়িয়ে শরীরকে বেশী অবসাদ বা চিন্তা সহ্য করতে সমর্থ করে তোলে, যার ফলে রোগ কম হয়।

→ জমা হওয়া বিষাক্ত পদার্থ ও বিসর্জিত পদার্থকে সমাপ্ত করে শরীরকে চনমনে, মজবুত আর আনন্দপ্রিয় করে তোলে।

→ যোগাসন নিয়মিতভাবে করলে হৃদয়ের গতি, শ্বাস নেওয়া, ত্যাগ করা, শরীরের তাপমান, খাদ্যের প্রয়োজনীয়তা, ঘুমের উপর নিজের নিয়ন্ত্রণ থাকে, যাতে নিজেকে নিজে বাঁচার ক্ষমতা ও শক্তিকে বাঁচানোর ক্ষমতা বাড়তে থাকে।

মধুমেহ রোগের চিকিৎসাতে যোগাসনের উপযোগীতা

কিছু আসন মধুমেহ রোগে অত্যন্ত উপযোগী। এই আসন হলো—ধনুরাসন, পশ্চিমোত্তাসন, সর্বাগাসন, হলাসন, ভূজঙ্গাসন, অর্ধ-মৎসেন্দ্রাসন, মৎস্যাসন, শশাঙ্কাসন, পবনমুক্তাসন, চক্রাসন, সলবাসন, ময়ূরাসন।

এই গুরুত্বপূর্ণ আসনগুলি সম্বন্ধে নীচে বিস্তৃত বিবরণ দেওয়া হলো—

ধনুরাসন বা ধনুকের মতো আসন

→ পেটের উপর বল দিয়ে মুখ নীচু করে আর মাথা উপর দিকে করে, আর পা সোজা আর বাহুদ্বয়কে দু'দিকে রাখতে হবে।

ধনুরাসন

→ শ্বাস বাইরে ছেড়ে পায়ের হাঁটু থেকে মুড়ে, হাত গোড়ালির দু'পাশে রাখতে হবে।

→ ভিতরে শ্বাস নিয়ে জঙ্ঘা, মাথা আর বুক তুলতে হবে।

→ শরীরের ভার নাভীর উপর রাখতে হবে আর মাথাকে যতটা সম্ভব উপরে তুলতে হবে আর চোখ দিয়ে উপরের দিকে দেখতে হবে।

→ এই মুদ্রা যতক্ষণ আরাম লাগবে, রাখতে হবে।

→ কিছু লোকেদের জন্য হালকা দোলন গতিও পেট যার উপর ওজন থাকে, তার সাহায্যে করতে হবে।

→ এই মুদ্রা 3-5 বার করা উচিত।

সাবধানতা

উচ্চ রক্তচাপযুক্ত রোগীদের, স্লিপডিস্ক, হার্নিয়া, নাড়ির রোগযুক্ত, ডুডোনাল আলসার বা রোগযুক্ত ব্যক্তিদের করা উচিত নয়।

পশ্চিমোত্তাসন

→ মাটিতে বসে পা দু'টিকে ছড়িয়ে দু'টো তালু জুড়তে হবে আর হাত দু'টো হাঁটুতে যেন থাকে।

পশ্চিমোত্তাসন

→ সম্পূর্ণ শরীরকে আরাম দিতে দিতে তলপেটের কাছ থেকে মুড়তে হবে। পায়ের বুড়ো আঙুল দু'হাতের আঙুলের আর বৃদ্ধাঙ্গুষ্ঠ দিয়ে ধরতে হবে। এটা সম্ভব না হলে গোড়ালি, পায়ের যেকোনো অন্য অংশ যা সহজে যেতে পারে, তা ধরতে হবে।

→ এই মুদ্রা কয়েক সেকেন্ড পর্যন্ত করতে হবে।

→ পা'কে সোজা রাখতে হবে, কনুইকে মুড়ে ধীরে ধীরে নিজের শরীরের উপরের অংশকে নীচে পায়ের কাছে আনতে হবে আর পায়ের বুড়ো আঙুল বা পায়ের তলাকে ধরে থাকতে হবে। হাঁটুকে মাথার সাথে ঠেকিয়ে যতক্ষণ পারা যায় রাখতে হবে।

→ আস্তে আস্তে আগের অবস্থায় ফিরে আসতে হবে।

→ কিছুক্ষণ বিশ্রাম করে এই প্রক্রিয়া আবার করতে হবে।

সাবধানতা

→ যে সমস্ত ব্যক্তিদের স্লিপ ডিস্ক, লুম্বার স্পন্ডিলাইটিস বা সাইটিকা পেন-এর মতো রোগ আছে তাদের এই আসন করা উচিত নয়।

→ যে সমস্ত লোকেদের হৃদরোগ-এর সমস্যা আছে, হার্নিয়া বা পেটের কোনো শল্য চিকিৎসা হয়েছে, তাদেরও এই আসন করা উচিত নয়।

সর্বাগাসন

সমস্ত যোগ করা ব্যক্তিদের জন্য মুখ্য আর একে সমস্ত আসনের জননীও বলা হয়।

কৌশল

→ বিশ্রাম করার মতো উপায়ে—পা আর হাতকে সোজা রেখে শুয়ে পড়ুন। দু'পাকে একসাথে রেখে হাতের তালুর নীচে রাখুন।

→ দীর্ঘশ্বাস নিয়ে আর দু'পাকে আস্তে আস্তে উপরে নিয়ে যান, যাতে সেটা শরীরের সাথে সমকোণ তৈরী করে।

→ নিঃশ্বাস ত্যাগ করে কয়েক সেকেন্ডের জন্য থামুন।

→ ভিতরের শ্বাস নিন আর পা'কে তলপেটের আর নীচের পিঠকে দু'ই হাতের সাহায্যে তুলে ধরুন যাতে বুকের সাথে থুতনি ঠেকে যায়। শরীরের সম্পূর্ণ ওজন মাথা আর কাঁধের উপর এসে যায় আর দু'হাত তাকে ভর দিতে সাহায্য করে।

→ দু'টো চোখকে পায়ের বুড়ো আঙুলের দিকে কেন্দ্রীভূত করুন। আর বুককে থুতনির সাথে লাগিয়ে আস্তে আস্তে শ্বাস নিন।

→ এই মুদ্রাকে দু' থেকে তিন মিনিট পর্যন্ত রাখুন।

→ শ্বাস বাইরে বের করুন আর পা'কে হাত আর হাতের তালুকে সরিয়ে আস্তে আস্তে নীচে আনুন।

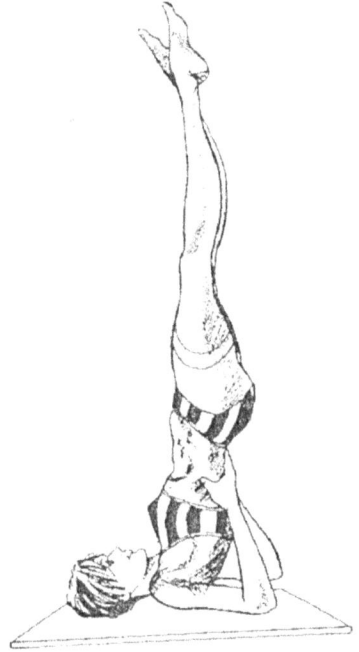

সাবধানতা

→ এই আসন উচ্চ রক্তচাপ, হৃদরোগ, সার্ভাইকল স্পন্ডিলাইটিস আর স্লিপ ডিস্ক যুক্ত ব্যক্তিদের করা উচিত নয়।

→ মোটা লোক যাদের মেরুদণ্ডের হাড় বা পেটের মাংসপেশী দুর্বল আর নতুন শুরু করা লোকেদের দেওয়ালের সাহায্যে উপরে নিয়ে যাওয়া উচিত।

→ মাসিক ধর্ম বা বৃদ্ধিপ্রাপ্ত গর্ভের অবস্থায় এই মুদ্রা করা উচিত নয়।

ভূজঙ্গাসন

কৌশল

→ মাটিতে সোজা হয়ে শুয়ে পড়ুন আর পা লম্বা করে দিয়ে দু'টি পা একে অপরকে ছুঁয়ে মাথা মাটিতে লাগান।

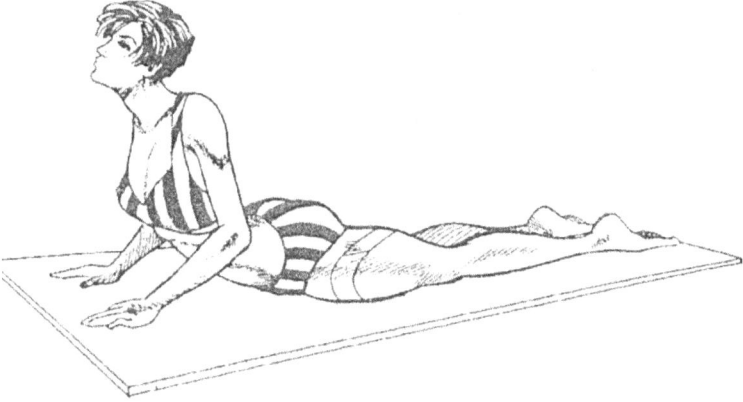

ভুজঙ্গাসন

→ নিঃশ্বাস ভিতরে নিন, মাথার পিছনের দিকে চাপুন আর মাথা এবং কাঁধকে মাটির উপর ঘাড় বেঁকিয়ে ওঠান।

→ দু'হাত সোজা রেখে পেট নাভির উপর মাটি থেকে তুলুন আর মাথা উপরের দিকে রাখুন।

→ শ্বাসকে বন্ধ করে এই মুদ্রাকে কয়েক সেকেন্ড রাখুন আর শরীরের ওজন দু'হাতের উপর দিন।

→ ধীরে ধীরে শ্বাস বের করুন আর নিজের আগের অবস্থায় ফিরে আসুন। এই প্রক্রিয়াকে দু' থেকে তিন বার করুন।

সাবধানতা

যে সমস্ত ব্যক্তিরা অত্যন্ত অবসাদগ্রস্ত, হার্নিয়া, পেস্টিক আলসার, অন্ত্রে টি.বি., হাইপার থাইরোডিজম রোগে আক্রান্ত, তাদের এই আসন করা উচিত নয়।

নিয়ম

1. আসনের উপর দু'টো পাকে ছড়িয়ে বসুন।
2. ডান পা'কে হাঁটুর কাছ থেকে মুড়ে ডানদিকের গোড়ালিকে পাছার পাশে রাখুন আর তাকে সেই স্থান থেকে সরতে দেবেন না।
3. এবার বাঁ পা'কে মুড়ে ডানদিকের হাঁটুর বাইরের অংশের পাশে আসনের উপর রাখুন। দু'হাতে বাঁদিকের হাঁটুকে নিজের দিকে টানুন এবং নাককে হাঁটুর সাথে স্পর্শ করতে চেষ্টা করুন। এসময় শরীরকে একেবারে ঢিলে রাখুন।
4. ডান হাত দিয়ে বাঁ পায়ের হাঁটুকে চাপ দিতে দিতে বাঁ পায়ের বুড়ো আঙুল বা পাঞ্জাকে ধরুন এবং নিজের ঘাড়কে বাঁ দিকে ঘুরিয়ে থুতনিকে বাঁ কাঁধকে স্পর্শ করান। এই সময় মুখ আর ঘাড় বাঁ দিকেই রাখুন এবং বুড়ো আঙুল ধরে থাকুন।
5. শরীর বাঁদিকে ঘোরান, বাঁ দিকের বাহু পিছনে করুন, আর বাঁ কাঁধকে দেখতে চেষ্টা করুন।
6. এই মুদ্রাতে 5 থেকে 7 সেকেন্ড পর্যন্ত থাকুন, শ্বাসের গতি স্বাভাবিক করুন।
7. এই সময় পিঠ একেবারে সোজা রাখতে হবে, আর ডান-বাঁয়ে ঝুঁকবেন না।
8. এবার বুড়ো আঙুল ছাড়তে ছাড়তে দু'টো পা ছড়িয়ে নিজের স্বাভাবিক অবস্থায় ফিরে আসুন।
9. কিছুক্ষণ বিশ্রাম করার পরে বাঁ পা'কে মুড়ে বাঁ পায়ের গোড়ালি হিপের পাশে রাখুন আর উপরোক্ত সমস্ত ক্রিয়াগুলি ক্রমশ পুনরায় করতে করতে বাঁ পায়ের বুড়ো আঙুলকে ধরে ঘাড় বাঁ দিকে ঝোঁকান আর কাঁধকে দেখার চেষ্টা করুন।

সাবধানতা

→ এই আসন আস্তে আস্তে মেরুদণ্ডের হাড়ের উপর অকারণ চাপ সৃষ্টি না করে করতে হবে।

→ যে ব্যক্তিরা হার্নিয়া, পেস্টিক আলসার, সাইটিকা, হাইপার থায়রয়েডে আক্রান্ত আর গর্ভবতী মহিলাদের এই আসন করা উচিত নয়।

যৌগিক ক্রিয়া

হট্‌ যোগে যৌগিক ক্রিয়াগুলির অত্যন্ত গুরুত্ব আছে কারণ এর ফলে শরীরের বিষাক্ত পদার্থ বেরিয়ে যায়। মানব শরীরও একটা মেশিনের মতো যাকে সর্বদা পরিষ্কার করা আবশ্যক। যৌগিক ক্রিয়াগুলি ছয় রকমের হয়ে থাকে আর একে ভাটক্রিয়া বলা হয়, যা নিম্নরূপ—

✳ নেতি ✳ কপালভাতি ✳ বমনধৌতি ✳ নৌলি ✳ বস্তি ✳ ত্রাটক

মধুমেহ-র চিকিৎসাতে কপালভাতি, বমনধৌতি, কুঞ্জলক্রিয়া আর নৌলী অত্যন্ত উপযোগী।

কপালভাতি

কপালভাতি প্রধানতঃ প্রাণায়ামের একটি বিধি। অনেক সময় যৌগিক লেখাতে একে ভাটকর্মের একটা ভাগ মনে করা হয়। এটি তিন রকমের হয়ে থাকে—বাতক্রম কপালভাতী, যুক্তক্রম কপালভাতি আর শীতক্রম কপালভাতি।

বাতক্রম কপালভাতী—এটা মধুমেহর চিকিৎসাতে সবচেয়ে বেশী উপযোগী। এই নিয়ম এই প্রকারের—

→ আরাম করে আসনের উপর বসে মাথা আর মেরুদণ্ডের হাড়কে সোজা রাখুন আর হাত   দু'টোকে হাঁটুর উপর রাখুন।

→ চোখ বন্ধ করে শরীরকে সম্পূর্ণ আরাম দিন।

→ ভিতরে গভীর শ্বাস নিন আর পেট ফোলান। পেটকে দ্রুত কোঁচকান যাতে পেটের পেশী থেকে আওয়াজের সাথে শ্বাস বের হয়।

→ পরের বার শ্বাস নেওয়ার সময় পেটের পেশীকে নিজে নিজে বিনা চেষ্টাতে ফুলতে দিন।

→ এভাবে দশবার তাড়াতাড়ি ভিতর আর বাইরে শ্বাস নিয়ে একটা ক্রম সম্পূর্ণ করুন।

→ এভাবে তিন-পাঁচ ক্রম করতে হবে।

সাবধানতা

→ তাড়াতাড়ি শ্বাস নেওয়ার সময় পেট ফোলাতে হবে, বুক নয়।

→ এই ক্রিয়াকে আসন করার পর বা নেতির পরে খালি পেটে বা খাওয়ার 2-4 ঘন্টা পরে   করতে হবে।

→ যদি ব্যাথা বা মাথা ঘোরা হ'তে থাকে তবে তা বন্ধ করে কিছুক্ষণ পরে আবার আরম্ভ   করুন।

→ হৃদ-রোগ, উচ্চরক্তচাপ, মৃগী, হৃদ-আক্রান্ত, হার্নিয়া, পেস্টিক আলসার আর মাথাঘোরা রোগীদের এই ক্রিয়া করা উচিত নয়।

বমন ধৌতী বা কুঞ্জলক্রিয়া

→ প্রায় 1লি. হালকা গরম জল নিন। এতে মৌরী আর এলাচ দিন আর নুন দিন।

→ এটি তাড়াতাড়ি পান করুন যতক্ষণ বমি ভাব না আসে।

→ তাড়াতাড়ি দাঁড়িয়ে পড়ুন আর সামনে ঝুঁকে ডান হাতের তিনটি আঙুলকে মুখে দিয়ে বমি করার চেষ্টা করুন।

→ এরকম ততক্ষণ করুন যতক্ষণ পর্যন্ত সমস্ত জল বাইরে বেরিয়ে না আসে।

→ এটা প্রতি সপ্তাহে এক বার করতে হবে।

কুঞ্জলক্রিয়া

সাবধানতা

→ এই প্রক্রিয়া সকালে উঠে করা উচিত।

→ এর আধ ঘন্টা পর পর্যন্ত কোনো খাদ্য গ্রহণ করবেন না।

→ আঙুলের নখ যেন কাটা থাকে। আর হাত ভালোভাবে সাবান দিয়ে পরিষ্কার করে নিতে হবে।

→ পেটে আলসার, চোখের রোগ, হৃদরোগ, স্ট্রোক, হার্নিয়া যুক্ত রোগীদের এই ক্রিয়া করা উচিত নয়।

নৌলী

এটা সম্পূর্ণ পেটের মালিশের যৌগিক ক্রিয়া, যা পেটের মাংসপেশীকে কুঁচকায় আর ঘোরায় বিশেষ করে পেটের মাংসল অংশকে।

কৌশল

→ সোজা দাঁড়িয়ে পা'কে আধ মিটার দূরে রাখুন।

→ সামনে ঝুঁকুন আর হাতকে দুই হাঁটুর উপর জঙ্ঘার উপর রাখুন।

→ ভিতরে শ্বাস নিয়ে থামুন আর মাথাকে উপরে নিচের দিকে ঝোঁকান। থুতনিকে বুকের সাথে চাপুন আর কাঁধকে উপর নীচে টানুন। (জলন্ধর বন্ধ)

→ জঙ্ঘাকে দু'হাতে চাপুন যতক্ষণ পেটের চর্বিযুক্ত মাংসপেশী খালি পেটে স্পষ্ট দেখতে না পাওয়া যায়। এটা মধ্যম নৌলীর প্রথম অধ্যায়।

→ এখন পেটকে চর্বিযুক্ত মাংসপেশীকে পেটের বাঁদিকে নিয়ে গিয়ে বাঁ হাতে বাঁ দিকের জঙ্ঘাতে চাপুন। এটি বাম নৌলীর দ্বিতীয় অধ্যায়।

→ এভাবেই ডান দিকেও করুন। এটা দক্ষিণ নৌলীর তৃতীয় অধ্যায়।

→ এবার পেটে চর্বিযুক্ত মাংসপেশীকে বাঁ দিক থেকে ডান দিকে শ্বাস বন্ধ করে ঘোরান।

→ ভিতরে শ্বাস নিয়ে আরাম করুন আর স্বাভাবিক শ্বাস নিয়ে একই কার্য ডান দিক থেকে বাঁ দিকে ঘুরিয়ে করুন।

সাবধানতা

হৃদরোগ, উচ্চরক্তচাপ, হার্নিয়া, পাথর, পেস্টিক আলসার বা পেটের শল্য চিকিৎসার আর গর্ভ ধারণের সময় নৌলী করা উচিত নয়।

প্রাণায়াম

'প্রাণায়াম' সংস্কৃতের দু'টি শব্দ প্রাণ আর আয়াম যুক্ত হয়ে তৈরী হয়েছে। 'প্রাণ'-এর অর্থ শ্বাস নেওয়া, জীবন, হাওয়া, শক্তি আর এনার্জি। আয়াম-এর অর্থ বিস্তার, সংযম, নিয়মিত প্রতিবন্ধিত করা বা নিয়ন্ত্রিত করা। এধরণের প্রাণায়ামে শ্বাসকে নিয়ন্ত্রিত করে প্রাণ বা আন্তরিক শক্তির প্রাপ্তিকে নিয়ন্ত্রিত করে।

প্রাণায়ামের প্রকার

প্রাণায়াম চার প্রকারের হয়ে থাকে

→ পুরক বা ভিতরে শ্বাস নেওয়ার অবস্থা—যাতে লম্বা, নিয়ন্ত্রিত আর নিয়মিত শ্বাস ভিতরের দিকে নিতে হয়।

→ কুম্ভক বা শ্বাস নিয়ন্ত্রণের অবস্থা—এতে শ্বাসকে ভিতরে বন্ধ করে নেওয়া হয়।

→ রেচক বা শ্বাস বাইরে বের করা—এতে লম্বা, আস্তে আস্তে ও নিয়ন্ত্রিত উপায়ে শ্বাস ছাড়তে হয়।

→ শূন্যক বা শ্বাস সমাপ্ত করার অবস্থা—এতে শ্বাস বাইরে বের করে কিছুক্ষণের জন্য থেকে যেতে হয়।

প্রাণায়ামের নিয়ম

→ প্রাণায়াম সর্বদা খোলা হাওয়াতে বা কোনো শান্ত, পরিষ্কার-পরিচ্ছন্ন ঘরে করা উচিত।

→ প্রাণায়ামের জন্য সবচেয়ে ভালো উপায় পদ্মাসন।

→ এর জন্য কোনো পরিষ্কার-পরিচ্ছন্ন জায়গা যেখানে কোনো শোরগোল নেই, নির্বাচন করতে হয়।

→ প্রাণায়াম ভীড় যুক্ত স্থানে, যেখানে শুদ্ধ হাওয়া কম, সেখানে করা উচিত নয়। এটা নদীর ধারে করা যায়।

→ প্রাণায়ামের জন্য সবচেয়ে ভালো সময় সকালবেলা। যখন বাতাস শুদ্ধ থাকে আর অক্সিজেনও যথেষ্ট পরিমাণে থাকে। সেটা সম্ভব না হলে সন্ধ্যাবেলায় সূর্যাস্তের পরও করা যায়।

→ পোশাক আরামদায়ক আর ঢিলেঢালা পরতে হবে, যেন আঁটসাঁট না হয়।

→ প্রাণায়ামের অন্তত এক ঘন্টা আগে ধূম্রপান করবেন না।

→ প্রাণায়াম কোনো যোগ্য ব্যক্তির পরিচালনায় করা উচিত।

→ রাতে ভালো ঘুমের পর এটা করা উচিত।

→ শ্বাস কেবলমাত্র নাক দিয়েই নিতে হবে।

→ শ্বাস বন্ধ করার পদ্ধতি কোনো ভারি ওজন তোলা ব্যক্তির করা উচিত নয়।

→ প্রাণায়াম আর ওষুধ নেওয়ার মাঝে অন্তত তিন ঘন্টার ব্যবধান থাকা উচিত।

→ যদি প্রাণায়াম থেকে মাথা ঘোরে, তবে তা বেশী বার করা বা ভুল উপায়ে করার জন্য হতে পারে।

→ প্রাণায়াম আসন করার পর এবং ধ্যানের আগে করা উচিত।

→ প্রাণায়ামের আগে স্নান করা উচিত, অন্তত হাত পা ভালো করে ধুয়ে নেওয়া উচিত।

→ প্রাণায়ামের আধঘন্টা পর পর্যন্ত স্নান করা উচিত নয়, তাতে শরীরে তাপমাত্রা স্বাভাবিক হ'তে পারে।

→ প্রাণায়াম খালি পেটে বা খাওয়ার তিন-চার ঘন্টা বাদে করা উচিত।

→ ফুসফুসে বেশী ক্লান্তি বা চাপ দেওয়া উচিত নয় কারণ এইগুলি নরম অঙ্গ এবং সহজেই আঘাতপ্রাপ্ত হ'তে পারে।

→ কিছু লোকেদের চুলকানি, ঝনঝনানি, ঠান্ডা বা গরম লাগা, স্থূলতা, কোষ্ঠকাঠিণ্য বা প্রস্রাব কম হওয়ার অভিযোগ থাকে। এই লক্ষণগুলি নিয়মিত প্রাণায়ামের দ্বারা ভালো হয়ে যেতে পারে। এরকম না হলে কোনো উপযুক্ত যোগব্যায়ামকারীর কাছে পরামর্শ গ্রহণ করুন।

প্রাণায়ামের উপযোগীতা

→ প্রাণায়াম দ্বারা ফুসফুসের কার্য স্বাভাবিক হয় আর রক্তে বেশী অক্সিজেনের সঞ্চার হয়।

→ ফুসফুস থেকে বায়ু বাইরে বের করতে ও নেওয়ার ক্ষমতা বাড়ে।

→ শ্বাস গ্রহণ করার শিক্ষার ফলে কম অক্সিজেন হওয়া সত্বেও শ্বাস নেওয়া সম্ভব হয় আর এটা পাহাড়ের চড়াইতেও সহায়ক হয়ে থাকে।

→ প্রাণায়াম থেকে হার্ট আর মস্তিষ্কে রক্ত সঞ্চারে সহায়ক হয়।

→ এটা মস্তিষ্কের একাগ্রতাকে বাড়ায় আর শরীরকে বিশ্রাম দেয়।

→ প্রাণায়াম নাক, নাকের সাইনাস আর শ্বসনতন্ত্রের পরিষ্কার ও তাকে শুদ্ধ রাখে।

→ পাচনতন্ত্র রক্ত সঞ্চারের দ্বারা ভালো হয়ে যায়। মধুমেহ-র রোগীদের অগ্নাশয়ে নতুন জীবন সঞ্চার হয়ে থাকে আর পাচনতন্ত্র থেকে অবাঞ্ছিত পদার্থ বেরিয়ে যায়।

→ প্লাবিনী প্রাণায়াম থেকে খিদে আর তৃষ্ণার ওপর ভালো নিয়ন্ত্রণ হয়ে থাকে।

মধুমেহ-র চিকিৎসাতে প্রাণায়ামের উপযোগীতা

নাড়ী শোধন প্রাণায়াম ✸ ভস্ত্রিকা ✸ শীতলী ✸ শীতকারী

নাড়ীশোধন প্রাণায়াম বা অনুলোম বিলোম

→ কোনো আরামদায়ক মুদ্রা, যেমন—পদ্মাসনে নিজের মাথা ও মেরুদণ্ডকে সিধে করে বসুন।

→ চোখ বন্ধ করে, শরীরকে ঢিলা রেখে কিছু সময় আরাম করে শ্বাস নিন।

→ তর্জনী ও মধ্য আঙুলকে আস্তে করে ভ্রূর নীচে লাগিয়ে বৃদ্ধাঙ্গুষ্ঠ বা অনামিকাকে ডান বা বাঁ নাকের পাতাতে রাখুন। এই দু'আঙুল প্রথমে এক নাকের পাতাকে চেপে দ্বিতীয় নাক দিয়ে শ্বাস নিয়ে আবার দ্বিতীয় নাক চেপে প্রথম নাক দিয়ে শ্বাস নিয়ে, শ্বাসের হাওয়া ছাড়তে হবে। একে নাসিকাগ্রা মুদ্রা বলা হয়।

→ প্রথম পদক্ষেপ—ডান নাসারন্ধ্রকে বুড়ো আঙুল দিয়ে বন্ধ করুন আর বাঁ দিকের নাসারন্ধ্র দিয়ে মনে মনে 1, 2, 3, গুনতে গুনতে শ্বাস নিন। সেভাবেই বাঁ নাসারন্ধ্রের

উপর অনামিকা দিয়ে বন্ধ করে ডান নাসারন্ধ্র দিয়ে 1, 2, 3, গুনতে গুনতে শ্বাস বাইরে বের করুন। ভিতরে শ্বাস নিতে এবং বার করতে যেন একই সমান সময় লাগে।

→ এই প্রক্রিয়াই ডান নাসারন্ধ্র দিয়ে শ্বাস নিয়ে বাঁ নাসারন্ধ্র দিয়ে বার করুন। এভাবে 10 বার করুন।

→ আস্তে আস্তে সংখ্যার গুনতি 12 -12 ভিতরে শ্বাস নেওয়া/বাইরে বের করাতে বাড়ান। তারপর এই অনুপাত 1-2 করুন—5 পর্যন্ত গুণে শ্বাস ভিতরে নেওয়া আর 10 পর্যন্ত গুণে শ্বাস বাইরে করা বা 12-24 -এর অনুপাত পর্যন্ত হ'তে পারে।

→ দ্বিতীয় পদক্ষেপ—এই অধ্যায় প্রথম অধ্যায়কে ভালোভাবে শিখে তারপর করা উচিত।

→ ডানদিকের নাসারন্ধ্র বন্ধ করে বাঁ দিক থেকে 5 পর্যন্ত গুণতে গুণতে ভিতরে শ্বাস গ্রহণ করুন তারপর দু'টো নাসারন্ধ্রকে বন্ধ করে 5 পর্যন্ত গুণতে গুণতে বাতাস ফুসফুস পর্যন্ত নিয়ে আস্তে আস্তে শ্বাস নিয়ে 5 পর্যন্ত গুণতে গুণতে বাতাস বাইরে বের করুন। এই প্রক্রিয়া আবার ডান নাসারন্ধ্রের দ্বারা শ্বাস নিয়ে, থেমে আর বাঁ নাসারন্ধ্র দিয়ে বের করতে হ'বে। এভাবে দশবার করুন।

→ এই অনুপাতে ভিতরে শ্বাস নেওয়া, থামা ও বের করাকে— 1 : 1 : 1 থেকে 1 : 1 : 2 আবার 1 : 2 : 2, 1 : 3 : 2, 1 : 4 : 2 পর্যন্ত নিয়ে যান।

→ তৃতীয় পদক্ষেপ—এতে ভিতরের শ্বাস বাঁদিকের নাসারন্ধ্র দিয়ে নিয়ে আর শ্বাস বন্ধ করতে হবে। তারপর ডান দিক দিয়ে নিয়ে বাইরে বের করতে হবে। তারপর আবার শ্বাস বন্ধ করতে হবে।

→ আবার এই ক্রিয়াকে ডান দিক থেকে শ্বাস নিয়ে আর বাঁ দিক দিয়ে বের করতে হবে। এভাবে দশ বার করতে হবে।

→ এতে শুরুতে 1 : 1 :1 : 1 থেকে শুরু করে 1 : 4 : 2 : 2 পর্যন্ত নিয়ে যেতে হবে আর গোনার সীমা ও আরামের অবস্থা পর্যন্ত বাড়াতে হবে।

সাবধানতা

→ শ্বাস নেওয়ার প্রক্রিয়া স্বাধীনভাবে হওয়া উচিত, আর জোর দেওয়া উচিত নয়।

→ শ্বাস কখনো মুখ দিয়ে নেওয়া উচিত নয়।

→ প্রাণায়ামের এই প্রক্রিয়া কোনো বিশেষজ্ঞের তত্বাবধানে করা উচিত।

→ যদি কোনো অসুবিধা হয় তবে তা বন্ধ করে দেওয়া উচিত।

→ এই ক্রিয়া সকালের আসনের পর করা সবথেকে ভালো।

→ এই ক্রিয়ার জন্য দশ থেকে পনেরো মিনিট সময় বা 5 থেকে 10 চক্র হওয়া উচিত।

→ উচ্চ রক্তচাপ আর হৃদরোগীদের শ্বাস ভিতরে বন্ধ করা প্রাণায়াম করা উচিত নয়।

ভস্ত্রিকা প্রাণায়াম

নিয়ম

→ আরামদায়ক মুদ্রাতে দু'হাত হাঁটুর উপর জ্ঞান মুদ্রা স্থিতিতে রাখুন।

→ মাথা আর শিরদাঁড়া সোজা রেখে, চোখ বন্ধ রাখুন আর শরীরকে আলগা রাখুন।

→ নাসিকাগ্র মুদ্রাকে প্রয়োগ করে বৃদ্ধাঙ্গুষ্ঠ দিয়ে ডানদিকের নাসিকা বন্ধ করুন।

→ দ্রুত ভিতরে আর বাইরে শ্বাস নিন, আর বাঁ নাসিকা দিয়ে প্রায় দশ বার এরকম করুন।

→ এরকম করার সময় পেট শ্বাসের সাথে ফুলবে এবং কোঁচকাতে হবে।

→ এবার বাঁ নাসিকা বন্ধ করে এই ক্রিয়া ডান নাসিকা দিয়ে করুন।

→ এর পরে দুই নাসিকা থেকে একসাথে শ্বাস নিন।

→ এই প্রক্রিয়ার পরে 30 সেকেন্ড পর্যন্ত শ্বাস বন্ধ করে রাখুন।

ভস্ত্রিকা এবং শীতলী প্রাণায়াম

সাবধানতা

→ ভস্ত্রিকার সময় শুধুমাত্র পেট ফুলবে, বুক বা কাঁধ নয়।

→ শ্বাসের আওয়াজ পেট থেকে আসতে হবে, বুক বা গলা দিয়ে নয়।

→ যদি মাথা ঘোরে, বমি পায় বা বেশী ঘাম হয় তাহলে প্রাণায়াম বন্ধ করে দেওয়া উচিত।

→ বেশী ঘাম, হৃদরোগ, ডুডোনাল আলসার, হার্নিয়া, হৃদ-আক্রান্ত বা মৃগীরোগ যুক্ত ব্যক্তিদের এই ভস্ত্রিকা করা উচিত নয়।

→ যদি নাক বন্ধ হ'তে থাকে তবে নেতী করতে হবে।

শীতলী প্রাণায়াম

নিয়ম

→ আরাম করে জ্ঞানমুদ্রাতে বসে হাতকে হাঁটুর উপর রাখুন।

→ চোখ বন্ধ করুন আর শরীরকে ঢিলা রাখুন।

→ জিভকে মুখের বাইরে বের করে পাখির ঠোঁটের মতো করুন।

→ আস্তে আস্তে গভীর শ্বাস নিন আর ফুসফুসে বাতাস ভরুন।

→ তারপর জিভ ভিতরে করে মুখ বন্ধ করে আর নাক দিয়ে শ্বাস বাইরে বের করুন।

→ এই ক্রিয়া পাঁচ থেকে দশবার করুন।

→ আস্তে আস্তে এই প্রক্রিয়া 15 বা তার বেশী বার পর্যন্ত করতে করতে ভিতরে আর বাইরে শ্বাস নেওয়ার সময়ও বাড়ান।

সাবধানতা

→ এই ক্রিয়া ময়লা এবং অপরিচ্ছন্ন আবহাওয়াতে করা উচিত নয়। কারণ মুখ দিয়ে নেওয়া শ্বাস সোজাসুজি ফুসফুসে যায়।

→ এই প্রাণায়াম নিম্ন রক্তচাপ, শ্বাসের কষ্ট, যেমন—অ্যাজমা, ব্রঙ্কাইটিস্ রোগীদের করা উচিত নয়।

→ কোষ্ঠকাঠিণ্য হলে এই প্রাণায়াম করা উচিত নয়।

→ শীত বা ঠাণ্ডা আবহাওয়াতে এই প্রাণায়াম করা উচিত নয়।

শীতকারী প্রাণায়াম

নিয়ম

→ আরাম করে বসে শরীরকে আলগা রাখুন।

→ ঠোঁট খুলে দাঁতকে হালকা করে এক জায়গায় চেপে ধরুন।

→ জিভের ডগাকে নীচের সামনের দাঁতের উপর চাপুন আর বাতাস মুখ দিয়ে জিভের উপর দিয়ে ভিতরে নিন।

→ বাতাস ভিতরে নেওয়ার পর জিভ ভিতরে করে মুখ বন্ধ করে আর শ্বাসকে দুই নাসারন্ধ্র দিয়ে বার করুন।

→ এই প্রক্রিয়া 5-10 বার করুন।

সাবধানতা

শীতলী প্রাণায়ামের মতো সাবধানতা এতে গ্রহণ করা উচিত। সংক্রামিত দাঁত আর মাড়ি, পড়ে যাওয়া দাঁত বা নকল দাঁত লাগানো লোকেদের এই প্রাণায়াম করা উচিত নয়।

ধ্যান করা

যোগের প্রথম গুরু পতঞ্জলি ধ্যানকে 'না থেমে একই বস্তুকে চিন্তা করা' বলেছেন। স্বামী বিবেকানন্দের মতানুসারে ধ্যান নিজের মনকে কোনো এক বিন্দুর ওপর কেন্দ্রিত করা। যদি মন এক বিন্দুর উপর কেন্দ্রীভূত হয়ে যায় তাহলে তা যে কোনো বস্তুর উপরই কেন্দ্রীভূত করা যেতে পারে।

ধ্যানের প্রধান উপায়

যদিও আলাদা আলাদা ধর্ম, জাতি আর সম্প্রদায়ের মধ্যে ধ্যানের কৌশলে কিছু পার্থক্য হ'তে পারে, কিন্তু প্রাথমিকভাবে এটা প্রায়ই সমান। ধ্যানের প্রধান লক্ষ মস্তিষ্ক আর মনকে আরাম দেওয়া আর ইন্দ্রিয়গুলিকে আশ-পাশের আবহাওয়া থেকে সরিয়ে কোনো এক বিন্দুর উপর কেন্দ্রিত করা হয়ে থাকে। ধ্যান করার মুখ্য উপায়গুলি হলো—

পূর্ণত: বিশ্রাম

পূর্ণ বিশ্রামের অর্থ—শরীরের সমস্ত অঙ্গাকে আলগা ছেড়ে দেওয়া, যাতে সমস্ত মাংসপেশীরা সম্পূর্ণ বিশ্রাম পায়। এরকম বসে থাকা মুদ্রা যেমন—পদ্মাসন, সুখাসন, বজ্রাসন বা দাঁড়ানো মুদ্রাতে করতে পারেন।

নিয়ম

→ এই মুদ্রাকে করার সময় ঘাড় এবং মেরুদণ্ডকে সোজা রাখুন আর শরীরকে সম্পূর্ণ ঢিলা রাখুন।

→ মনকে শরীরের মাথা থেকে পা পর্যন্ত সমস্ত ভাগে কেন্দ্রীভূত করুন।

→ প্রত্যেক অঙ্গাকে আরাম দিয়ে সম্পূর্ণ শরীরকে বিশ্রাম দিন।

শ্বাস নেওয়ার সচেতনতা

→ সম্পূর্ণ শ্বাস নিতে কেন্দ্রীভূত হ'ন আর আস্তে আস্তে গভীর আর লয়বদ্ধ শ্বাস নিন।

→ দুই নাসারন্ধ্রের মিলনস্থলে ধ্যান কেন্দ্রীভুত করুন আর ভিতর আর বাইরে শ্বাস অনুভব করুন।

→ আবার ধ্যান নাভির উপর কেন্দ্রীভূত করুন আর শ্বাস ভিতর আর বাইরে নেওয়ার সময় পেটের পেশীগুলিকে ফোলানো ও কোঁচকানোর দিকে ধ্যান দিন।

→ প্রত্যেক দ্বিতীয় শ্বাসকেও ধ্যানের দ্বারা নিয়মিত করা যেতে পারে আর এতে কোনো অসুবিধা হয় না।

শরীরের অন্যান্য অঙ্গের সচেতনতা

→ শরীরের সমস্ত অঙ্গের উপর এক এক করে ধ্যান কেন্দ্রীভূত করুন আর তার কম্পন অনুভব করুন। এটা ডান পায়ের বৃদ্ধাঙ্গুষ্ঠ থেকে শুরু করে ধীরে ধীরে সামনের ও পিছনের অঙ্গের উপর ধ্যান কেন্দ্রীভুত করতে করতে উপরে মাথা পর্যন্ত যান।

→ আবার সম্পূর্ণ শরীরকে অনুভব করুন আর বসা থেকে আস্তে করে দাঁড়িয়ে একাজ করুন।

শরীরের চক্র বা মানসিক কেন্দ্রের সচেতনতা

→ বিশ্রামের অবস্থাতে বসে নিজের ধ্যান শরীরের 7 চক্র বা মানসিক কেন্দ্রের উপর লাগান। এরকম মুলাধার চক্র বা শক্তি কেন্দ্র থেকে আরম্ভ করুন।

→ এরকম অনুভব করুন যে কম্পন মূলাধার চক্র থেকে উপরে সহস্র চক্র বা জ্যোতি কেন্দ্র পর্যন্ত যাচ্ছে।

ক্রমিক সংখ্যা	চক্র/মানসিক কেন্দ্র	স্থান	শরীরের অঙ্গ
1.	মূলাধার চক্র বা শক্তি কেন্দ্র	মেরুদণ্ডের হাড়ের নীচের অংশ আর জনন-অংশ	জনন-গ্রন্থি, অন্ডাশয়
2.	খাদিস্থান চক্র বা তৈজস চক্র	নাভির নীচে ও পীঠে	অদিবক্র আর প্লিহা
3.	মনিপুর চক্র	নাভির উপর আর পিঠ	অগ্নাশয় ও যকৃৎ
4.	আহত চক্র বা আনন্দকেন্দ্র	বুক ও হৃদয়ের স্থান	বাল্যগ্রন্থি/থাইরয়েড
5.	বিশুদ্ধি চক্র/কেন্দ্র	গলা ও ঘাড়ের পিছনে	থাইরয়েড ও প্যারা -থাইরয়েড গ্রন্থি
6.	আজ্ঞা চক্র বা জ্যোতি	দর্শন কেন্দ্র বা ভ্রু	পীযুষ গ্রন্থি
7.	কেন্দ্র	মাথার উপরের ভাগ	পীনিয়ল গ্রন্থি

মানসিক রঙের প্রতি জাগরুকতা

চক্র বা মানসিক কেন্দ্রের কিছু রঙের, যার কিছু নিশ্চিত কম্পন হয়, মনে চিন্তা করে জাগৃত করা যায়। এরকম ধ্যানকে নিয়মিত অভ্যাস দ্বারা পাওয়া যেতে পারে।

আলাদা আলাদা চক্র বা মানসিক কেন্দ্রকে চিন্তা করে আমাদের কিছু রঙের বা সেই চক্রের সাথে সম্বন্ধিত, তা ধ্যান করা উচিত। এরকম করলে এই কেন্দ্রকে জাগ্রত করায় সহায়তা পাওয়া যায় এবং শারীরিক ক্রিয়া-কলাপ বৃদ্ধি হয়।

ক্রমিক সংখ্যা	চক্র/মানসিক কেন্দ্র	রঙ যা চিন্তা করতে হবে
1.	মূলাধার চক্র বা শক্তি কেন্দ্র	লাল
2.	খাদিস্থান চক্র বা তৈজস চক্র	কমলা
3.	মণিপুর চক্র	হলুদ
4.	অনাহত চক্র বা আনন্দকেন্দ্র	সবুজ
5.	বিশুদ্ধি চক্র/কেন্দ্র	নীল
6.	আজ্ঞাচক্র বা দর্শন কেন্দ্র	বেগুনী
7.	সহস্র চক্র বা জ্যোতি কেন্দ্র	সাদা

নিজেকে বোঝানো আর সংকল্প করা

নিজেকে বোঝাবার অর্থ হলো—বার বার নিজেকে বলা—আমার দ্বিতীয় হাঁটুর ব্যাথা ভালো হয়ে গেছে বা আমার মাথা ব্যাথা ভালো হয়ে গেছে। নিজেকে বোঝাবার ফলে আত্মবিশ্বাস ও অসুখের ব্যাথা ভোলার ক্ষমতা বৃদ্ধি হয়। এরকম করলে শরীরে প্রতিরোধক ক্ষমতা বাড়ে, যাতে অসুখ, মানসিক অস্থিরতা ও ভাবাত্মক বাধা কম হ'তে থাকে।

সংকল্প বা মননের অর্থ—জীবনের প্রতি এক সুস্থ ও আশাবাদী দৃষ্টিকোণ রাখা। এরকম তখনই করতে পারা যায়, যখন আপনি নিজেকে বার বার বলতে থাকবেন—চুরী করবো

না, আমি সর্বদা সত্য কথা বলব, বা আমি শ্রেণীতে প্রথম হ'বো। এরকম সংকল্পকে বার বার মনে মনে বলতে থাকলে আপনি নিরাশাবাদী দৃষ্টিকোণ ও মানসিক অস্থিরতা থেকে বাঁচতে পারবেন। এরকম করলে ধনাত্মক দৃষ্টিকোণ, যেমন—সত্যবাদিতা, নির্ভয়তা, সহনশীলতা, প্রেম ও দয়ার মতো গুণকে বাড়াতে পারেন।

মধুমেহ রোগের চিকিৎসাতে ধ্যানের ভূমিকা

→ মনিপুর চক্রের উপর কেন্দ্রীভূত করার ফলে, যা অগ্নাশয়ের ভাবাত্মক কেন্দ্র, তা অগ্নাশয়কে বেশী সক্রিয় করে তোলে আর তার কার্যকে বিশেষতঃ ইন্‌স্যুলিন সৃষ্টি করার মতো কার্যকে বাড়ায়। এরজন্য নিয়মিত অভ্যাস আর ধ্যান কেন্দ্রীভূত করার প্রয়োজনীয়তা আছে কিন্তু এর ফল স্থায়ী হয়ে থাকে।

→ এভাবেই মনিপুর চক্রকে হলুদ রঙকে ধ্যান করে জাগ্রত করার ফলে অগ্নাশয়ে লাভদায়ক কম্পন উৎপন্ন হয়ে থাকে আর এর কাজ করার ক্ষমতা বেড়ে যায়।

→ আত্ম নিরীক্ষণের অবস্থার সময় এক মধুমেহ রোগীকে নিজেকে নিজে বার বার বলা উচিত আমার মধুমেহ নিয়ন্ত্রিত হয়ে গেছে আর রক্ত শর্করার হার স্বাভাবিক হয়ে গেছে বা আমার অগ্নাশয় সম্পূর্ণভাবে স্বাভাবিক আর মধুমেহ সম্পূর্ণ নিয়ন্ত্রণে আছে। এরকম কথোপকথনে শরীরে মনোবৈজ্ঞানিক পরিবর্তন আসে আর ইন্‌স্যুলিনের প্রতি অসংবেদনশীলতাতে ঘাটতি আসে আর শরীর এটা বেশী উৎপাদন করে।

→ ধ্যানের নিয়মিত অভ্যাসের থেকে নাড়ী তন্ত্রের পেশীসমূহ মজবুত করে, নাড়ীতন্ত্র ও ইন্ডোক্রাইন আর প্রতিরোধক ক্ষমতাতে বৃদ্ধি হয়ে থাকে। এতে শরীর সতেজ আর মজবুত করে এবং মধুমেহ-র উপর নিয়ন্ত্রণ হয়।

→ অকারণ চিন্তা-ভাবনা নিয়ন্ত্রিত করে, অবসাদের উপর নিয়ন্ত্রণ করে আর এই কারণে মধুমেহও কমতে থাকে।

প্রাকৃতিক চিকিৎসা আর প্রকৃতি দ্বারা চিকিৎসা

প্রাকৃতিক চিকিৎসা আর প্রকৃতি দ্বারা চিকিৎসা বিধিতে নিম্নলিখিত নিয়মগুলি ও প্রাকৃতিক সাধনার লাভ হয়ে থাকে।—রোদ, হাওয়া, জল আর মাটি, এর দ্বারা বিভিন্ন রোগের চিকিৎসা হয়ে থাকে।

প্রাকৃতিক চিকিৎসা দ্বারা মধুমেহতে উপকার পাওয়ার জন্য জল চিকিৎসা, মাটির চিকিৎসা ও মালিশের প্রয়োগ করা হয়।

জল চিকিৎসা—জল আমাদের জীবনের জন্য অত্যন্ত আবশ্যক। এটা শুধুমাত্র তৃষ্ণা নিবারণই করে না, বরং এর ঔষধিগুণ আর খনিজ তত্বও অত্যন্ত লাভদায়ক হয়ে থাকে। জলে তামা, কয়লা, গন্ধক, ফসফরাস, আয়োডিন, ক্যালসিয়াম ও অন্য অনেকগুলি উপযোগী খনিজ আর রাসায়নিক পদার্থ থাকে।

জল চিকিৎসা মধুমেহ রোগে নিম্নরূপ উপকার হয়—

→ গরম জল অগ্নাশয়ের আশপাশে জমে থাকা রক্তকে বের করে দেয় আর সেখানে রক্ত সঞ্চার বৃদ্ধি করে।

→ ঠাণ্ডা জলে যন্ত্রণা কম হয় আর পেটের পাশের রক্ত নালিকাতে উপকার হয়, যাতে রক্ত সঞ্চার স্বাভাবিক হয়।

→ এটা অগ্নাশয়ের আলগাভাব দূর করে তাকে সক্রিয় করে তোলে, যাতে পাচনক্রিয়া আর মেটাবলিজম্ বাড়তে থাকে।

→ বিষাক্ত আর অপ্রয়োজনীয় পদার্থ, যা অগ্নাশয়ে জমা হয়ে যায়, জলের দ্বারা সেটা বেরিয়ে যায়।

মধুমেহ রোগে চিকিৎসাতে জল চিকিৎসার বিভিন্ন প্রকার

গরম সেঁক

একটা কাপড় বা 3 মি. লম্বা আর 30 সে. মি. চওড়া পট্টিকে কিছু সময় ঠাণ্ডা জলে রেখে দিতে হবে। তারপর তাকে বের করে নিঙড়ে নিয়ে নাভির পাশে এটা বাঁধতে হবে। একটা শুকনো কাপড় বা কম্বলকে এর উপর জড়িয়ে দিতে হবে, যাতে হাওয়া যেতে না পারে আর শরীরের গরম একত্র হ'তে পারে। এটা প্রায় এক ঘণ্টা রাখতে হবে, আর ঘাম আসতে দিতে হবে। তারপর এটা বের করে ওই জায়গাটাকে ভিজে কাপড় দিয়ে রগড়ে দিতে আর তোয়ালে দিয়ে শুকনো করে মুছে দিতে হবে।

ঘর্ষণ দ্বারা রগড়ানো

রোগীকে বসিয়ে তার পা, গোড়ালির নীচে একটা টাবে গরম জল রাখতে হবে। মুখকে ঠাণ্ডা জল দিয়ে ধুয়ে, কোনো বাসনে বরফের ঠাণ্ডা জল নিয়ে তাতে তোয়ালে ডোবাতে হবে। শরীরের সমস্ত অঙ্গ দ্রুত তোয়ালে দিয়ে রগড়াতে হবে। তারপর শরীরকে অন্য একটা তোয়ালে দিয়ে জড়িয়ে তারপর আবার রগড়াতে হবে। এভাবে সকালে স্নান করলে মধুমেহ রোগীরা অত্যন্ত আরাম পায়।

পর্যায়ক্রমে উরু স্নান বা পরিবর্তিত উরু স্নান

একটা বিশেষ রকমের টাব নিতে হবে, যাতে রোগী বসলে তার কোমর ও পেট পর্যন্ত

ভিজতে পারে। একটা টাবে গরম জল যা 40 থেকে 45 ডিগ্রী. সে.গ্রে. হবে আর একটা অন্য টাবে জল যা 10 থেকে 20 সে.গ্রে. হবে, নিন। রোগীকে গরম জলে 5 মিনিট আবার ঠাণ্ডা জলে 3 মিনিট রাখুন। মাথা এবং ঘাড়কে ঠাণ্ডা রাখতে হবে। এই চিকিৎসার সমাপ্তি কোমরে ঠাণ্ডা জল ঢেলে করতে হবে।

ভাপে স্নান

জল চিকিৎসাতে ভাপ চিকিৎসা সবচেয়ে গুরুত্বপূর্ণ, কারণ এতে ঘামের সাথে ত্বকের বিষাক্ত তত্ব বাইরে বেরিয়ে যায়। এটা একটা বিশেষ ঘরে বা যে কোনো ঘরে করতে পারা যায়। ঘরে করার জন্য একটা বড়ো টাব যাতে হাঁটু পর্যন্ত পা গরম জলে রাখা যেতে পারে, নিতে হবে। এই জলের তাপমাত্রা হালকা গরম রাখতে হবে আর রোগীকে একটা টুলের ওপর বসিয়ে পা জলে রাখতে হবে। মাথাতে একটা ঠাণ্ডা আর ভিজে তোয়ালে রাখতে হবে। শরীরকে ঘাড় পর্যন্ত মোটা কম্বল দিয়ে ঢাকতে হবে। 15 থেকে 20 মিনিট পরে কম্বল সরিয়ে ঠাণ্ডা জল দিয়ে স্নান করাতে হবে।

মাটি দিয়ে চিকিৎসা

পৃথিবীর যে মাটি থেকে আমাদের শক্তি লাভের জন্য খাদ্য পাই, সেইভাবেই মাটি দিয়ে স্নান অনেক রোগের চিকিৎসা আর রক্ষা করতে পারে।

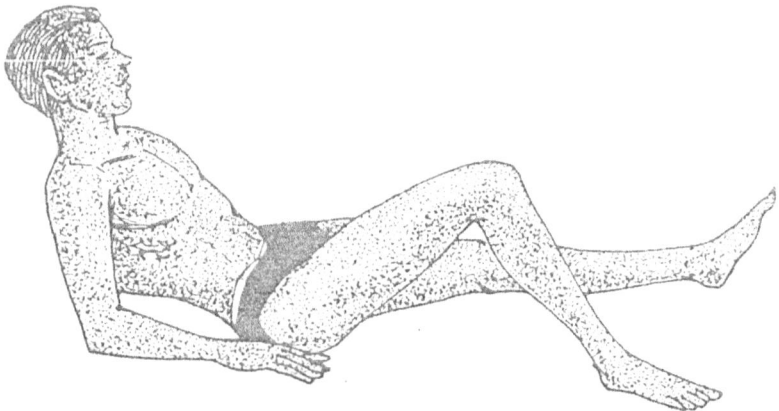

মাটি দিয়ে চিকিৎসা

মধুমেহতে মেটাবলিজম-এর ঘাটতির কারণে শরীরে কার্বোহাইড্রেট আর চিনি একত্র হয়ে যায়, যা এর মুখ্য কারণ। মাটি দিয়ে চিকিৎসাতে মেটাবলিজম সক্রিয় হয়ে এই পাচনতন্ত্র আর ইন্ডোক্রাইন তন্ত্রে পরিবর্তন আনে। এভাবে শরীর থেকে অশুদ্ধ আর বিষাক্ত তত্ব বেরিয়ে যায়।

মাটির প্রয়োগ বিধি

সাধারণত যে মাটি পাওয়া যায় বা সাদা মাটি প্রয়োগ করা উচিত। মাটিকে প্রথমে রোদে শুকিয়ে নিন। যদি এটা চিটচিটে হয় তো কিছুটা বালি মিশিয়ে মিহি করে নিন আর তারপর চালুনিতে চেলে পাথর ও অন্য অকারণ পদার্থকে বের করে দিন। বেশী ফল পাওয়ার জন্য মাটিকে সারারাত জলে ভিজিয়ে রাখুন। তারপর কাপড় দিয়ে ছেঁকে তাকে শুকিয়ে রাখুন।

→ মাটির প্রয়োগ কোনো পরিষ্কার ডান্ডা দিয়ে করুন, হাত দিয়ে নয়।

→ গরমে মাটিকে বরফজল বা ঠাণ্ডা জলে ভেজান আর শীতের সময় হালকা গরম জলে।

→ গরম মাটির লেপ বানানোর জন্য জলকে ফুটিয়ে তাতে মাটি মেশান।

→ মাটিগুলো রাতে ভিজিয়ে রাখার সময় তাতে ঢাকা দিয়ে রাখুন।

→ একবার প্রয়োগ করা মাটিকে দ্বিতীয়বার প্রয়োগ করবেন না।

মধুমেহ-র চিকিৎসাতে মাটির প্রয়োগ

মাটির প্রলেপ

মাটিকে গরম জলে গুলে একটা গাঢ় পেস্ট তৈরী করুন। এই পেস্টকে নাভির আশপাশে পেটে লাগান। সাধারণত এই লেপ 1 ফুট লম্বা, 8 ইঞ্চি চওড়া আর ½ ইঞ্চি মোটা হয়ে থাকে, কিন্তু মোটা লোক আর বাচ্ছাদের এই মাপ আলাদা হ'তে পারে। প্রলেপ লাগানোর পরে রোগীকে পুরনো সুতী বা উলের কাপড় দিয়ে আবহাওয়া অনুসারে ঢেকে দিন। রোগীকে এই প্রলেপ 30 থেকে 90 মিনিট পর্যন্ত লাগাতে হবে তারপর স্নান করে শুকিয়ে নিতে হবে।

মাটি স্নান

মাটি স্নানের জন্য এমন জায়গা বেছে নিতে হবে, যেখানে রোদ আসে, হাওয়া থাকে, রসায়ণ বা খাদের প্রয়োগ না থাকে আর ভালো জল পাওয়া যায়। এই মাটিকে কিছু বালি আর জলের সাথে মিশিয়ে সকালে সমস্ত শরীরে লাগাতে হবে। রোগীকে 30 থেকে 40 মিনিট পর্যন্ত হালকা রোদে বসতে হবে যাতে মাটি শুকিয়ে যায়।

তারপর পরিষ্কার জল দিয়ে স্নান করতে হবে। কোনো কোনো জায়গায় একটা বড়ো টাবে মাটি থাকে আর রোগীকে গলা পর্যন্ত তার ভিতরে ডুবে থাকতে হয়। 40 মিনিট পর তাকে বের করে স্নান করানো হয়।

মালিশ

মালিশ অনেক অঙ্গের চিকিৎসার জন্য অত্যন্ত উপযোগী ও এটা এক ধরণের ব্যায়ামও। এটা প্রাকৃতিক চিকিৎসা আর আয়ুর্বেদের অভিন্ন ভাগ। মালিশের দ্বারা স্নায়ুতন্ত্র ঠিক থাকে, মস্তিষ্ক সঠিক ও ভালোভাবে কাজ করে। এটা শরীর থেকে বিষাক্ত পদার্থ আর অপ্রয়োজনীয় পদার্থকে, ফুসফুস, পাকস্থলি, আর ত্বক থেকে বের হতে সাহায্য করে। এটা রক্ত সঞ্চার, পাচন আর মেটাবলিজমকেও বাড়ায়।

মধুমেহ-র জন্য উপযোগী মালিশ

1. চট্‌কানো
2. তালি দেওয়া
3. চাপড়ানো
4. কম্পন করা

চটকানো

চটকানো মালিশের একটা গুরুত্বপূর্ণ উপায় যা মধুমেহতে উপকারী। দু'হাত দিয়ে পেট আর নাভির আশপাশে গভীরভাবে চাপ দিতে হবে। এরকম প্রায় 10 থেকে 15 মিনিট পর্যন্ত সকালে খালি পেটে করতে হবে। এরকম করার ফলে অগ্নাশয় ও অন্য অঙ্গাতে রক্ত সঞ্চার বাড়তে থাকে আর পাচন এবং হজম করার ক্ষমতা বাড়ে। নিয়মিত মালিশের ফলে অগ্নাশয়ের নিষ্ক্রিয় কোশিকাগুলিকেও সক্রিয় করে তার মেটাবোলিক গতিবিধি বাড়াতে পারে।

তালি বাজানো

এটা একটা যকৃৎ ও অগ্নাশয়ের উপর ভারী ধরণের চলন। এতে রোগীকে সোজা করে শুইয়ে মালিশওয়ালা তাকে ডান দিক থেকে মালিশ করে। পেটের উপরের অংশ একটা কম্বল দিয়ে ঢেকে দিতে হয়। প্রাকৃতিক চিকিৎসক পেটের ডান হাতের ভিতর থেকে পিটতে থাকে আর আঙুলকে ঢিলা রাখে এবং কাঁধ দিয়ে শক্তি প্রদান করে। এধরণের মালিশ-এর দ্বারা অগ্নাশয়ের সুপ্ত কোশিকাগুলি এক ধরণের সক্রিয়তা লাভ করে, যাতে অগ্নাশয় বেশী ইন্‌স্যুলিন প্রবাহিত করে।

চাপড়ানো

এটাও তালি বাজানোর মতো হয়ে থাকে, কিন্তু এতে দু'হাতকে আস্তে আস্তে পেটের উপর প্রয়োগ করতে হয় আর বেশী শক্তি লাগাতে হয়। এই কৌশল কেবলমাত্র কোনো দক্ষ প্রাকৃতিক চিকিৎসার দ্বারা প্রয়োগ করা উচিত।

কম্পন

এতে এক বা দু'হাতে পেটে কম্পন করাতে হয়। আঙুল বা হাতের তালু দিয়ে পেটকে আস্তে আস্তে নাড়াতে হবে। এতে পেটে ভালো ফল পাওয়া যায় এবং পাচক রস এবং হরমোন বেশী হ'তে থাকে। এটা আরও একভাবে—এক হাত পিঠে আর অন্য হাত পেটে রেখে দু'হাতকে শ্বাসের গতির সাথে চালাতে হবে।

ঔষধীয় তেল

মধুমেহ-র চিকিৎসাতে মালিশের জন্য কিছু বিশেষ তেল ব্যবহার করা হয়। এতে কাপাস বীজের তেল, তিল তেল, রেড়ীর তেল, সরষের তেল, জোয়ানের তেল আর নারকেল তেল বিশেষ উপকারী। ভালো ফল লাভের জন্য এই তেলে নীলগিরি তেল, কর্পূর বা কস্তুরি মেশানো হয়।

জোজোবা-র তেল বা অন্য তেল যেমন—দেবদারু, দারুচিনি, আদা, জিরা, জুনিপার, ব্যাসল, লবঙ্গ, আনারদানা, অচিরা আর সরষে মেশানোতে বেশী লাভ হয়।

এই তেলকে হালকা গরম করে পেটের নাভির আশপাশে লাগিয়ে 15 থেকে 20 মিনিট পর্যন্ত রাখতে হবে। তারপর গরমজল দিয়ে স্নান করাতে হবে।

মধুমেহ-র এ্যালোপ্যাথিক চিকিৎসা

চার ধরণের চিকিৎসার উপায় আছে আর রোগী এক উপায় থেকে অন্য উপায়ে অস্থায়ী বা স্থায়ীভাবে রোগের তীব্রতা, ওষুধ থেকে উপকার বা অন্য কারণে নিয়ে যাওয়া যেতে পারে।

এই চিকিৎসাকে চারটি ভাগে ভাগ করা হয়েছে।—

1. শুধুমাত্র খাদ্য।
2. খাদ্য আর মৌখিক ওষুধ।
3. খাদ্য আর ইন্স্যুলিন ইঞ্জেকশন।
4. খাদ্য, ইন্স্যুলিন আর মৌখিক ওষুধ।

বিভিন্ন প্রকারের মধুমেহ রোগ আর চিকিৎসা

	মধুমেহ-র প্রকার	চিকিৎসার প্রকার
1.	40 বছরের কম রোগী	খাদ্য ও ইন্স্যুলিন
2.	মধ্য বয়স্ক আর মোটা লোকেরা ও 40 বছরের বেশী।	খাদ্য + ওষুধ বা খাদ্য + ইন্স্যুলিন
3.	মধ্য বয়স্ক আর 40 বছর থেকে বেশী রোগা লোক।	ওষুধ বা খাদ্য
4.	গর্ভবতী মহিলা	খাদ্য + ইন্স্যুলিন
5.	কোটোসিস্, শল্য চিকিৎসা, সংক্রমণ বা	খাদ্য + ইন্স্যুলিন

মধুমেহ রোগী, যাদের খাদ্যের কারণে পরিবর্তন না আসে, তবে তাদের ওযুধও দিতে হয়। এই পরিবর্তন দু'ধরণের হয়—

(i) শরীরের ওজন কম করা

(ii) রক্ত শর্করা স্তরকে কম করা

দু'ধরণের ওযুধ গ্রহণ করা যায়।

→ মুখ দিয়ে নেওয়া ওযুধ যা ট্যাবলেট বা ক্যাপ্সুল অবস্থায় থাকে।

→ ইন্‌স্যুলিন ইঞ্জেকশন।

মুখ দিয়ে খাওয়ার ওযুধ

আলাদা আলাদা ধরণের রোগীদের আলাদা আলাদা অবস্থা অনুসারে একটা বা তার বেশী ট্যাবলেট আর ইন্‌স্যুলিনের ইঞ্জেকশান দেওয়া হয়। কয়েকটি কারণে রোগীকে এক বা তার বেশী ওযুধ গ্রহণ করা উচিত। পরিবারের ডাক্তার বা আহার বিশেষজ্ঞ এব্যাপারে সিদ্ধান্ত নিয়ে থাকেন। সাধারণত রোগীরা যাদের মৌখিক ওযুধে উপকার হয়, সেটি এই প্রকারের।—

→ মধ্যবয়স্ক আর বেশী বয়স্কদের টাইপ-2 রোগী।

→ যে রোগ খাদ্যতে নিয়ন্ত্রণ বা ব্যায়ামের উপকার হয় না।

→ যে রোগীদের খাদ্যতে নিয়ন্ত্রণ ও ব্যায়ামে উপকার হয়ে থাকে, কিন্তু রক্ত শর্করা কম হয় না।

→ যে রোগীদের অনিয়মিত জীবন-যাত্রার কারণে ইঞ্জেকশন দেওয়া ঠিক নয়।

→ যে রোগীদের হালকা অসুখ, কিন্তু দেখতে কঠিন হওয়ার কারণে ইঞ্জেকশন নিতে পারেন।

→ যে সমস্ত লোকেদের ইন্‌স্যুলিন নেওয়ার জন্য নিম্ন রক্ত শর্করা হয়ে যায়।

→ যাদের রক্ত শর্করাতে ইন্‌স্যুলিন নেওয়ার ফলে ঘাটতি হয় না।

→ যে সমস্ত লোকেরা ইন্‌স্যুলিন নেওয়া সহ্য করতে পারে না।

→ যে সমস্ত লোকেরা ইন্‌স্যুলিন নিতে চায় না।

মৌখিক ওষুধের বিশেষ গুণ

ওষুধের নাম	ব্র্যান্ড	মাত্রা মি.গ্রা. প্রতিদিন	কতবার	ওষুধের বিপরীত প্রভাব
1. Gliozide	Glynase	2.5-40	1 থেকে 3	বমি, পেটে ব্যাথা ও পাতলা পায়খানা
2. Chlorpropamide	Diabenese	100-500	1	ত্বকে র্যাশ, যকৃতে সমস্যা
3. Glibenclamide	Daonil	2.5-15	1 থেকে 2	অ্যালকোহল থেকে সমস্যা
4. Gliclazide	Diamicror	80-320	2	ওজন বাড়া
5. Tolbutamide	Rastinon	500-3000	2 থেকে 3	রক্তেতে সোডিয়ামের ঘাটতি
6. Phenformin	DBI	25-100	1 থেকে 4	বমি, স্বাদ নষ্ট হয়ে যাওয়া ও খিদে না লাগা পাতলা পায়খানা, পেশীতে দুর্বলতা, রক্তেতে ল্যাক্টিক অ্যাসিডের ঘাটতি, ভিটামিন-বি 12 না পাওয়া
7. Metformin	Glycibhage	500-3000	2 থেকে 3	
8. Glimepiride	Amaryl	1-6	1 থেকে 2	যকৃতে সমস্যা, র্যাশ হওয়া
9. Repaglinide	Rapilin	5-16	খাওয়ার আগে	বমি, পাতলা পায়খানা দেখতে সমস্যা হওয়া, র্যাশ
10. Pioglitazone	Pioglit	15-30	1	ওজন বাড়া, শরীর ফুলে যাওয়া, মাথা ব্যাথা, দেখতে সমস্যা হওয়া, জয়েন্টে ব্যাথা, নপুংশতা
11. Rosiglitazone	Result	4-8	1 থেকে 2	ওজন বাড়া, বমি, পাতলা পায়খানা, মাথা ব্যাথা, শরীর ফুলে যাওয়া

মনে রাখার মতো কথা

→ এই ওষুধ থেকে উপকার 3-4 সপ্তাহে দেখা দেয়।

→ যে সমস্ত লোকেদের এক গ্রুপের ওষুধ থেকে উপকার না হয়, তাকে ডাক্তাররা অন্য গ্রুপের ওষুধ দিয়ে থাকেন।

→ কিছু অন্য ওষুধ এই ওষুধের রক্ত শর্করা কম করার ফলে বিপরীত প্রভাব ফেলে। সেজন্য সাধারণ ব্যাথা নিবারণ ওষুধ নেওয়ার আগেও রোগীকে ডাক্তারের পরামর্শ নেওয়া উচিত।

→ খাওয়ার মধ্যে সঠিক ব্যবধান রাখতে হবে ও ব্রত উপবাস দীর্ঘ সময় পর্যন্ত না করা উচিত।

→ নিয়মিত রক্ত ও প্রস্রাবের টেস্ট নেওয়া উচিত, যাতে এই ওষুধের প্রভাবকে মাপা যায়। কখনোই অ্যালকোহল পান করা উচিত নয়। বিশেষ করে যখন সল্ফোনাইলোরাস নেওয়া হয়ে থাকে।

→ যে সমস্ত রোগীদের এই ওষুধ নেওয়ার সময় গর্ভাবস্থা হয়ে যায় বা কোনো সংক্রমণ হয়ে যায়, যার অপারেশন করতে হয় তো তাকে শীঘ্র নিজের ডাক্তারের কাছে পরামর্শ নেওয়া উচিত। এরকম অবস্থায় তাকে ওষুধের জায়গায় ইন্‌স্যুলিন ইঞ্জেকশন নিতে হ'তে পারে।

→ ওষুধ সর্বদা খাওয়ার আগে বা খাওয়ার সাথে নেওয়া উচিত, না হলে তার রক্ত শর্করা স্তর হঠাৎই নেমে যেতে পারে।

ইন্‌স্যুলিন ইঞ্জেকশন

কিছু লোকেদের মধ্যে মধুমেহ-র কারণে অগ্নাশয়-এ ইন্‌স্যুলিন উৎপাদন অত্যন্ত কম হয়ে যায় আর তার ওষুধ এবং খাদ্যের দ্বারা উপকার হয় না। এধরণের লোকেদের ইন্‌স্যুলিন দিতে হ'তে পারে। নীচে দেওয়া লোকেদের সাধারণতঃ ইন্‌স্যুলিন ইঞ্জেকশনের থেকে উপকার হয়ে থাকে।

→ যুবক—যাদের টাইপ-1 মধুমেহ আছে।

→ যে সমস্ত লোকেদের 15 বছরের বা তার বেশী দিন পর্যন্ত মধুমেহ আছে।

→ কীটো-অসিডোসিস বা কোমার রোগীদের জন্য।

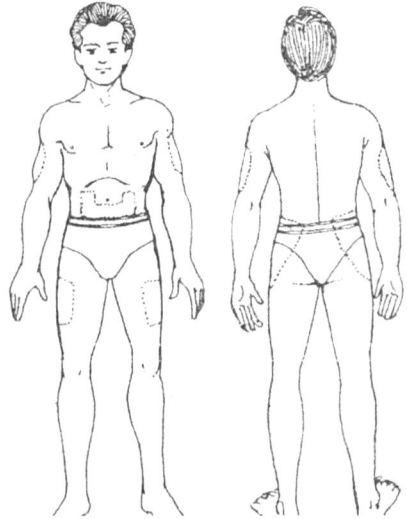

→ গর্ভধারণ যুক্ত রোগীদের জন্য।
→ যে রোগীর বড়ো অপারেশন করাতে হবে।
→ যে রোগীদের মধ্যে অন্য সংক্রমণ আছে, যেমন—পেট খারাপ বা বমি হওয়া।
→ যাদের দুর্ঘটনা বা হৃদয়াঘাত হয়ে থাকে বা স্নায়ুতন্ত্রের বিকার হয়ে থাকে।
→ যাদের রক্ত শর্করা ওষুধে আর খাদ্যে কম না হয়।

ইন্স্যুলিনের প্রকার

ইন্সুলিন এক ধরণের পশুদের থেকে তৈরী, যা গরু, মোষ আর শূকরের অগ্নাশয় থেকে বের করা হয় আর মানুষের ডি. এন. এ.-র সাথে মেলানো হয়।

ইন্স্যুলিনের প্রভাব কিছু সময়, মধ্যম সময় আর লম্বা সময় পর্যন্ত ইঞ্জেকশনের শক্তি ও মাত্রা অনুসারে হয়ে থাকে।

ইন্স্যুলিনের ইঞ্জেকশন 20, 40, 80 আর 100 মাত্রাতে হয়। মানুষের ইন্স্যুলিন শূকরের ইন্স্যুলিনের থেকে তাড়াতাড়ি শোষিত হয় আর শূকরের ইন্স্যুলিন গরুর থেকে তাড়াতাড়ি শোষিত হয়। যদি ইন্স্যুলিনে জিঙ্ক ও প্রোটামাইন মিশিয়ে দেওয়া হয়, তাহলে তা ইন্স্যুলিনকে আস্তে আস্তে ইঞ্জেকশানের জায়গা থেকে পাঠায় আর ইন্স্যুলিনের প্রভাবকে বাড়ায়।

বিভিন্ন ধরণের ইন্স্যুলিন আর তার বিশেষ গুণ এই তালিকাতে দেওয়া হয়েছে।—

	ইন্স্যুলিনের প্রকার	কাজ দেওয়ার সময় (মিনিট)	সবচেয়ে বেশী কাজ (ঘন্টার পরে)	সম্পূর্ণ কাজ দেওয়ার সময়
1.	কিছুক্ষণ কাজ দেওয়ার মতো নিয়মিত বা সাধারণ	15-30	2-5	6-8
2.	কিছুক্ষণ কাজ দেওয়ার মতো জিঙ্ক বা সেমি লেন্টার ইন্স্যুলিন	30-60	6-10	12-16
3.	মধ্যম সময় পর্যন্ত কাজ দেওয়ার মতো আইসোফেন (N.P.H)	1-2	4-12	18-22
4.	মধ্যম সময় পর্যন্ত কাজ দেওয়ার মতো জিঙ্ক বা লেন্টার ইন্স্যুলিন	1-3	7-15	18-22
5.	দীর্ঘ সময় পর্যন্ত ইন্স্যুলিন জিঙ্ক (আল্ট্রা লেন্ট)	3-4	6-16	24-28
6.	দীর্ঘ সময় পর্যন্ত ইন্স্যুলিন জিঙ্ক প্রোটামাইন	3-4	10-15	24-36

ইঞ্জেকশন মজুত রাখার জায়গা

ইন্‌স্যুলিন ইঞ্জেকশনকে রেফ্রিজারেটর-এ 40 ডিগ্রী. ফা. তাপমানে রাখা উচিত। সোজাসুজি রোদ লাগালে এর শক্তি কম হয়ে যায়।

কোথায় লাগাতে হবে

ইন্‌স্যুলিন ইঞ্জেকশনকে হাতের বাহুতে, উপরের বাহুর ভিতরের দিকে, কোমরের নীচে পেটের ভিতরের ভাগে, হাঁটুর উপর জঙ্ঘার সামনে বা হিপের উপরের ভাগে দেওয়া দেওয়া যায়। ইঞ্জেকশনের জায়গা প্রত্যেকবার বদলানো উচিত, যাতে একই জায়গাতে ইঞ্জেকশন দ্বিতীয়বার 15-20 দিন পরে লাগানো হয়।

কীভাবে লাগাতে হবে

1. ইঞ্জেকশনের শিশি ফ্রিজ থেকে বের করে ইন্‌স্যুলিন দেওয়ার নিশানা পর্যন্ত সিরিঞ্জ ভরুন।
2. যে জায়গায় ইঞ্জেকশন লাগানো হবে তাকে তুলো দিয়ে আর স্পিরিট ডেটল বা স্যাবলন লাগিয়ে ভালো করে পরিষ্কার করুন আর শুকাতে দিন।
3. চামড়াকে তুলে ধরে সেখানে বুড়ো আঙুল আর বাঁ হাতের তর্জনী দিয়ে মাংসকে তুলুন।
4. সুঁচকে ওই স্থানে ডান হাত দিয়ে 45 ডিগ্রী কোণ বানিয়ে ভিতরে দিন।
5. সিরিঞ্জের প্লাঞ্জার সামান্য টানুন, যাতে বুঝতে পারা যায় যে সুঁচ রক্ত নালিকার উপর নেই।
6. প্লাঞ্জারকে নীচে চাপুন আর ওষুধ চামড়া ও মাংসের মাঝে দিতে থাকুন।
7. সুঁচ বের করে সেখানে তুলো দিয়ে মালিশ করুন।

ইন্‌স্যুলিন ইঞ্জেকশনের সাথে যুক্ত সমস্যা

ইন্‌স্যুলিন ইঞ্জেকশনের প্রয়োগের ফলে কিছু দুষ্প্রভাবও দেখা যায়, যা নিম্নরূপ—

→ যদি রোগী ঠিক সময়ে আর উচিত মাত্রাতে খাদ্য গ্রহণ না করে তাহলে নিম্ন শর্করা স্তর কখনো কখনো একবারে কমে যায়।

→ কিছু রোগী যাদের ইন্‌স্যুলিনের ডোজের ফলে রক্ত শর্করা নিয়মিত হয়ে গিয়েছিল, কখনো কখনো এটা একবারে বেড়ে যায়।

→ শুরুতে কখনো কখনো পায়ে যন্ত্রণাও হ'তে থাকে।

→ কিছু রোগীদের মধ্যে ইন্‌স্যুলিন অপ্রভাবী হ'য়ে যায়, যখন তাদের কীটো-অসিডোসিস বা সংক্রমণ হয়ে থাকে। কখনো কখনো ওযুধের বেশী ডোজের জন্যও রক্ত শর্করা স্তরে ঘাটতি হয় না। এটা অস্থায়ী বা স্থায়ীভাবে হ'তে পারে।

→ চুলকানি বা ত্বকে র‍্যাশও ইঞ্জেকশনের জায়গাতে হ'তে পারে।

→ ইঞ্জেকশনের জায়গায় বা আশপাশে মাংস কম হ'তে পারে।

→ যদি চোখে আবছা দেখতে পাওয়া যায় তাহলে চিকিৎসার পরে তা আরও খারাপ হ'তে পারে।

→ কিছু রোগীর বেশী খিদে, বেশী ওজন ইঞ্জেকশন নেওয়ার পরেও হয়ে থাকে।

মনে রাখার মতো কথা

→ অত্যন্ত বৃদ্ধ, বিছানায় শয্যাশায়ী, দৃষ্টিহীন, মানসিক রোগী যার হাত কাঁপে, তারা বাদে অন্যান্যদের নিজে নিজে ইঞ্জেকশন নেওয়া উচিত। এটা তাদের আত্মনির্ভর করে তোলে আর ঠিক সময়ে ওযুধ গ্রহণ করতে সহায়তা করে।

→ ইঞ্জেকশন খাওয়ার কিছুক্ষণ আগে নেওয়া উচিত।

→ ইঞ্জেকশন কখনো দাগযুক্ত স্থানের কাছে নেওয়া উচিত নয়, তাতে শোষণ কম হয়।

→ সংক্রমণ যেমন—সর্দি, জ্বর, ফোঁড়া ইত্যাদিতে ওযুধ বেশী মাত্রাতে গ্রহণ করতে হ'তে পারে।

→ পাকস্থলির রোগীদের মধ্যে ইন্‌স্যুলিনের প্রভাব অনেক দেরী পর্যন্ত থাকতে পারে।

→ যতক্ষণ ওযুধের সঠিক মাত্রা না বের করা যায়, শুরুতে রক্ত শর্করা স্তরকে দিনে 4 বার পর্যন্ত দেখতে হ'তে পারে, অর্থাৎ খাওয়ার আগে আর শোওয়ার সময়।

→ কোনো মানসিক অবস্থাতে ওযুধের মাত্রা বাড়াতে হ'তে পারে।

→ দৌড় প্রতিযোগীতাকারী বা মল্লযোদ্ধাদের জঙ্ঘাতে ইঞ্জেকশন দেওয়া উচিত নয়, কারণ এর অত্যধিক প্রয়োগে ইন্‌স্যুলিন তাড়াতাড়ি শোষিত হয়ে যাওয়ার সম্ভাবনা থাকে।

ওষুধ এবং ইঞ্জেকশনের একটা তুলনামূলক অধ্যায় নীচে দেওয়া হলো—

	ওষুধে চিকিৎসা	ইনস্যুলিন ইঞ্জেকশনে চিকিৎসা
1.	রোগী শীঘ্র গ্রহণ করে নেয়।	কখনো কখনো গ্রহণ করেন।
2.	রোগী নিজে নিজে চিকিৎসা করতে পারে।	প্রারম্ভিক দিকে ডাক্তারের সহায়তা প্রয়োজন হয়।
3.	সহজে গ্রহণ করা যায়।	এতে যন্ত্রণা হয় এবং সাবধানতার সাথে গ্রহণ করতে হয়।
4.	কোনো দুষ্প্রভাব দেখা দেয় না।	দুষ্প্রভাব হ'তে পারে।
5.	ওষুধের প্রভাব সাধারণত যকৃতের উপর হয়ে থাকে।	প্রভাব মুখ্যত পেশীতে ও তন্তুর উপর হয়ে থাকে।
6.	কম রক্ত শর্করার কম সম্ভাবনা ও কম বিস্তার।	বেশী সম্ভাবনা ও বেশী বিস্তার
7.	কোনো এক জায়গায় প্রতিক্রিয়া হয় না।	ইঞ্জেকশনের জায়গাতে প্রতিক্রিয়া
8.	ওষুধের আভ্যন্তরীণ ক্রিয়া হয়।	ওষুধের আভ্যন্তরীণ ক্রিয়া নেই।
9.	খারাপ প্রতিক্রিয়া ও দুষ্প্রভাব হয়ে থাকে।	অনেক কম সম্ভাবনা।
10.	ওষুধের মাত্রা পরিবর্তনীয়।	ওষুধের মাত্রা পরিবর্তনীয়।
11.	গর্ভের সময় প্রয়োগ করা যায় না।	গর্ভের সময় প্রয়োগ করা যেতে পারে।
12.	যকৃৎ বা পাকস্থলির অসুখে প্রয়োগ করা হয় না।	প্রয়োগ করা যেতে পারে।
13.	টাইপ-1 এর রোগীর জন্য উপযোগী নয়।	টাইপ-1 রোগীর উপযোগী।
14.	সংক্রমণ বা অপারেশনের সময় উপযোগী নয়।	উপযোগী।
15.	কু-পোষণযুক্ত রোগীদের উপযোগী নয়।	প্রয়োগ করতে পারে।
16.	অনেক বেশী বা অনিয়ন্ত্রিত রোগে উপযোগী নয়।	বেশী বা অনিয়ন্ত্রিত রোগে উপযোগী।
17.	দীর্ঘ সময় পর্যন্ত যকৃৎ ও হৃদয়ের উপর কুপ্রভাব।	এরকম হয় না।

মধুমেহ-র আয়ুর্বেদিক চিকিৎসা

আয়ুর্বেদে মধুমেহ-র চিকিৎসা কেবলমাত্র ওষুধ, ব্যায়াম বা খাদ্য থেকে নয় বরং অন্য অনেক রকমেও হয়ে থাকে। এতে রোগকে নতুন দৃষ্টিভঙ্গিতে দেখা হয়। আয়ুর্বেদ

অনুসারে রোগ সর্বদা দোষের অসামঞ্জস্যতার জন্য—কোনো দোষ বাড়ার ও কোনো দোষ কমার জন্য হয়ে থাকে। মধুমেহ-র কারণ কোনো দোষ বাড়ার জন্য হয়ে থাকে। কিছু রোগীদের মধ্যে এটা পিত্ত বা কফ্ দোষ বাড়ার ফলেও হ'তে পারে। অতএব আয়ুর্বেদ এই তিন দোষের মধ্যে সামঞ্জস্যতা এনে রোগকে দূর করে। এই চিকিৎসাকে তিন ভাগে ভাগ করা যায়।

প্রাথমিক চিকিৎসা—এর উদ্দেশ্য তিনটি দোষের মধ্যে সামঞ্জস্য আনা। এই চিকিৎসা রোগীর খাওয়া-দাওয়ার উপর নির্ভর করে। এটা দেখা হয় যে রোগী পুষ্টিহীন, মোটা না প্রয়োজনের চেয়ে বেশী খায়। মোটা ব্যক্তিদের জন্য নিম্নলিখিত চিকিৎসা করা হয়।—

শেহানা বা তৈলাক্ত বস্তুর সেবন—রোগীকে সর্বপ্রথম সরষের তেল বা নিম তেল পান করানো হয়। এর মাত্রা রোগীর পাচন শক্তির উপর নির্ভর করে। দুর্বল পাচনশক্তিযুক্ত লোকেদের কেবলমাত্র একদিন। মধ্যম পাচন শক্তিযুক্ত লোকেদের 2-3 দিন, আর মজবুত পাচনযুক্ত লোকেদের 5-7 দিন পর্যন্ত তেল পান করানো যায়। চরক সংহিতা—যাকে আয়ুর্বেদের 'বাইবেল' বলা হয় সেই অনুসারে এই প্রক্রিয়াতে শরীর থেকে বাত্ দোষ সমাপ্ত হয়ে যায়।

বমন বা প্রেরিত বমি করা—মোটা লোকেদের কিছু ওষুধ দিয়ে বমি করানো হয়ে থাকে। এটা শরীর থেকে কফ দোষ দূর করার জন্য করা হয়। এটা শরীরকে শুদ্ধতার জন্য পাঁচ উপায়, যাকে 'পঞ্চকর্ম' বলা হয়, তাতে এটা একটা উপায়।

বিরোচন বা প্রেরিত দাস্ত—কিছু ওষুধ দিয়ে দাস্তর জন্য প্রেরণ করা হয়। এটা শরীর থেকে পিত্ত দোষ দূর করার জন্য দেওয়া হয়। এটা শরীরকে শুদ্ধ করার একটা উপায়।

সমসর্জন বা খাদ্যের বিধিবদ্ধ ব্যবস্থা করা—মোটা লোকেদের হালকা খাদ্য—যাতে অর্ধেক পুষ্টি যুক্ত, যেমন—সিদ্ধ চাল, ডালিয়া, দিয়ে শুরু করে তারপর ডাল, যাতে কম কার্বোহাইড্রেট বা চর্বি থাকে, দেওয়া হয়। এইসমস্ত ক্রিয়া এক যোগ্য আয়ুর্বৈদিক চিকিৎসকের তত্বাবধানে করা উচিত।

একজন কু-পোষণযুক্ত মধুমেহ রোগীর চিকিৎসার উদ্দেশ্য শরীরে মজুত দোষগুলিকে শেষ করা। এরজন্য নিম্নের উপায়গুলিকে গ্রহণ করতে হবে।—

রোগীকে নিম্নের পদার্থগুলি গ্রহণ করতে হবে।—

- → জলে ফোটানো বার্লি।
- → মুরগির মাংসের বা সবজীর স্যুপ।
- → জোলো ডাল, যেমন—মুগ ডাল।

→ করলা সেদ্ধ করে তার স্যুপ।

→ জাম সেদ্ধ করে তার স্যুপ।

→ হলুদ, দেবদারু, ত্রিফলা, নাগরমোথা সমান মাত্রাতে নিয়ে চূর্ণ করে তার পাচন তৈরী করা।

→ আমলা ও হলুদের রস।

→ ঔষধীয় ঘৃত—শাল্মলী ঘৃত।

পুষ্টিকর খাদ্য

প্রোটীনে ভরপুর, তাড়াতাড়ি হজম হওয়ার মতো খাদ্য যাতে—কম চর্বি ও কম কার্বোহাইড্রেট থাকে।

খিদে বাড়ানোর মতো, পুষ্টি বাড়ানোর মতো ওষুধ

কিছু ওষুধ, যেমন—দেব দারিস্তা এবং চন্দন আসবে খিদে বাড়ে আর পৌষ্টিকতাও বৃদ্ধি পায়।

বিশেষ চিকিৎসা

শরীরে রোগ নিয়ন্ত্রিত করার জন্য কিছু আভ্যন্তরীণ, কিছু বাহ্যিক উপায় গ্রহণ করা হয়।

বাহ্যিক চিকিৎসা

ঔষধীয় তেল দিয়ে মালিশ—কিছু রোগীকে প্রতিদিন তেল দিয়ে মালিশ করা, যে তেলে ত্রিফলা, দারুহল্দি, জোয়ান, আমলা বা মেহমিহির তেল, প্রমেহমিহির তেল দিয়ে মালিশ করলে লাভ হয়।

শরীরে লেপন—খস্ (তৃণমূল) দারচিনি, ছোটো এলাচ, অগরু, চন্দন কাঠ সমস্তগুলি পিযে একটা লেপ তৈরী করতে হবে, তারপর সেটা সমস্ত শরীরে লাগাতে হবে।

সূর্য স্নান—সকাল-সকাল সূর্য স্নানে অত্যন্ত উপকার পাওয়া যায়।

সাঁতার কাটা ও ঘোড়ায় চড়া—সাঁতার কাটা ও ঘোড়ায় চড়ার মতো ব্যায়ামে অত্যন্ত উপকার হয়ে থাকে।

যোগাসন—রোগের শুরুতে কিছু আসনের দ্বারা অত্যন্ত উপকার হয়। এই আসন সূর্যোদয়ের আগে মলাশয় বা মূত্রাশয়কে খালি করার 30-40 মিনিট পর্যন্ত করার পরামর্শ দেওয়া হয়। এতে প্রধান আসন—সর্বাঙ্গা আসন, পশ্চিমোত্তাসন, ধনুরাসন, ময়ূরাসন, ভূজঙ্গাসন, উদ্দিয়নবন্ধ ও নৌলী ক্রিয়া।

আভ্যন্তরীণ চিকিৎসা

আভ্যন্তরীণ চিকিৎসাতে আয়ুর্বেদিক ওষুধ যা ট্যাবলেট (বটি, রস) চূর্ণ, ভস্ম (ভারী ধাতুর চূর্ণ) দ্রব (আসব, অরিষ্ট), আরক (টিংচার), অবলেহ (লেপন) এবং ঔষধীয় তেল হ'তে পারে।

চরক সংহিতা অনুসারে নিম্নলিখিত ওষুধগুলি মধুমেহ রোগের চিকিৎসাতে প্রয়োগ করা হয়।

→ বসন্ত কুসুমকারা রস 5 গ্রামকে 1 গ্রাম আমলকী চূর্ণ-র সাথে দিনে দু'বার দেওয়ার ফলে অগ্নাশয়ের কার্যে উন্নতি হয় আর স্বাভাবিক শক্তি ও দুর্বলতাতে পরিবর্তন আসে।

→ বৃহৎ বনেশ্বর রস—125 গ্রাম থেকে 240 মি. গ্রা. আর তার সাথে বিজয়সরের কাথ দিলে রক্ত শর্করা স্তরে ঘাটতি হয়ে থাকে।

→ ইন্দ্রাবতী— 1-2 ট্যাবলেট প্রতিদিন খেলে লাভ হয়।

→ চন্দ্রপ্রভা বড়ি—1-2 ট্যাবলেট দু'বার দিনে দুধের সাথে খেতে হবে।

→ শতাবর রস—দুধের সাথে সমান মাত্রাতে।

→ মেহেকলানল রস— 240 মি.গ্রা. প্রতিদিন সকালে দুধের সাথে।

→ হেমনাথ রস— 200-250 মি.গ্রা. দু' বা তিন বার প্রতিদিন।

→ বসন্ত তিলক রস— 200-250 মি.গ্রা. দু' বা তিন বার প্রতিদিন।

→ সপ্ত রঞ্জাঁদি বটি— 1-2 ট্যাবলেট দু' বা তিনবার রোজ।

→ মেহ মুদকর বটি— 1 ট্যাবলেট এক বা দু'বার প্রতিদিন।

→ বেদ বিদ্যা বটি—1 ট্যাবলেট এক বা দু' বার রোজ আমলা রসের সাথে।

→ মেহ কেশরী রস—1 ট্যাবলেট একবার রোজ, দুধ বা ভাতের সাথে।

→ সর্বেশ্বর রস—1 ট্যাবলেট একবার প্রতিদিন।

→ শিলাজিতের শুদ্ধ অবস্থা যা শিলাজিত বটি 200-250 মি.গ্রা. প্রতিদিন, কয়েকটি ভাগে ভাগ করে। এটা একটা আশ্চর্যজনক ওষুধ, যা সমস্ত দোষকে দূর করে ও মধুমেহর প্রারম্ভিক অবস্থাতে চিকিৎসা করা হয়।

→ স্বর্ণমল্লিক ভস্ম— 120-250 মি.গ্রা. রোজ দু'বার।

যে সমস্ত ঔষধীয়—গাছ-গাছড়া ও সার তত্ব মধুমেহ-র চিকিৎসাতে উপকারী হয়, তা নিম্নরূপ।—

→ জামের বীজের নরম অংশ চূর্ণ, যদি 15-45 গ্রা. দিনের দু'বার বা তিনবার জলের সাথে গ্রহণ করা যায়।

→ 60 মি.গ্রা. জামের বীজকে 300 মি.লি. জলে 30 মিনিট পর্যন্ত ফুটিয়ে, তারপর ছেঁকে তাকে তিনভাগে ভাগ করে একভাগকে প্রতিদিন গ্রহণ করা।

→ করলার রস বা পাতার রস 25-100 গ্রাম এক বা দু'বার খালি পেটে খাওয়া।

→ ত্রিকোলের পাতা কুচিয়ে 3-4 গ্রা. রোজ জলের সাথে বা এর 15 মি.লি. রস প্রতিদিন দু'বার করে খেতে হবে।

→ খয়ের গাছকে চূর্ণ করে, 3 গ্রা. চূর্ণ 15 মি.লি. টিংচারের সাথে 1-2 বার খাওয়া যেতে পারে।

→ কটকরঞ্জের বীজ বা ফুলের নরম অংশ চূর্ণ করে সোজাসুজি গ্রহণ করতে হবে বা এটা পেটে মধুমেহ-র কারণে হওয়া ত্বকের রোগে ত্বকে লাগানো যেতে পারে।

→ অন্য গাছ-গাছড়া যার চূর্ণ, কাথ বা রস করে গ্রহণ করা যায়—তুবরক, সীতাফল (আতাফল), হরিতকি, আমলা, গুড়ুচী, কুষ্ট, নিমপাতা, ফুল এবং ডাল, বিল্বপত্র, ফুল ও ফল।

কিছু বিশেষ ওষুধ যা উপরে দেওয়া ওষুধ থেকে তৈরী হয়েছে।

জে কে 22, হিপ্রোইড, জম্বোলিন, ডায়াবেকন, মধুমেহরী, মধুমেহর যোগ।

সমস্যার আয়ুর্বেদিক চিকিৎসা

সমস্যার সবচেয়ে ভালো চিকিৎসা রোগকে নিয়ন্ত্রণ করা।

পাকস্থলির সমস্যা ও উচ্চ রক্তচাপ—কিছু আয়ুর্বেদিক ওষুধ উপরে দেওয়া সমস্যার সাথে মোকাবিলার জন্য উপযোগী। সাদা পুনর্নবার শিকড়ের রস, সাদা পরপটী পুনর্নবা মন্ডুর, চন্দ্রপ্রভা বটী, কটা করঞ্জের বীজের নরম অংশ একরকম ওষুধ।

নার্ভের রোগের চিকিৎসা

→ জ্যোতিষ্মতীর চূর্ণ।

→ নীলির চূর্ণ।

→ নিম বা পলাশের পাতার রস।

→ সপ্ত পর্নিমল।

শুদ্ধ শিলাজীত ও শার্পুনকার শিকড়—দুটোর 10 গ্রা. মিশিয়ে 250 মি.গ্রা. ট্যাবলেট তৈরী করে 1-2 ট্যাবলেট প্রতিদিন দু' বা তিন বার ত্রিফলার রসের সাথে গ্রহণ করতে হবে।

মধুমেহ-র কারণে কোমা

এটি এভাবে তৈরী করা হয়—

→ নৌসাদর + লাইম + কর্পূরকে নস্যি রূপে তৈরী করে নাকের ভিতরে দ্রুত দিতে হবে। এতে রোগীর দ্রুত জ্ঞান আসতে থাকে।

→ বেল আর নিম পাতার রস সমান মাত্রাতে মাথায় আর কপালে ঢালুন। এই ক্রিয়াকে শিরোধারা বলা হয়।

→ শরীরে হেমানাশু তেল লাগান এবং 1000 বার ধোয়া ঘি।

→ মূর্ছান্তক রস, যোগেন্দর রস, চন্দ্রকান্ত রস, বৃহৎ কস্তুরী, ভৈরব রস, দশমূল কাথ বা অরিষ্ট, গুগ্গল, বালা, রসনা ইত্যাদি ওষুধ মুখ দিয়ে দেওয়া হয়।

হৃদ রোগ

→ হরিতকী চূর্ণ + নিমের পাতার চূর্ণ + খোসা ছাড়ানো রসুন সমান মাত্রাতে 15 গ্রাম পলাশকে টিংচার মিশিয়ে দিনে 4 বার গ্রহণ করতে হবে।

→ 100 মি.গ্রা. রসুন ও পিঁয়াজ প্রতিদিন প্রয়োগ করালে রক্তে কোলেস্ট্রোল কম হ'তে থাকে।

চোখের রোগ

→ ত্রিফলার জল দিয়ে চোখ পরিষ্কার করুন।

→ ত্রিফলা চূর্ণ ও সাদা পুনর্নবার শিকড়কে জলের সাথে নিন।

গ্যাঙ্গরিন

→ পা'কে নিমের কাথ দিয়ে ধুয়ে নিমের তেল নিয়মিত লাগান।

→ নিমের পাতার রস, সরপুঙ্খা, পুনর্নাবদী পেষ্ট, আর ত্রিফলার পেষ্ট, জোয়ানের তেল, প্রমেহমিহির তেল।

→ পলাশকে নিমের রসে মিশিয়ে টিংচার বানান আর পায়ে লাগান।

রক্তমণি

→ নিম পাতার পেষ্ট, কটকরঞ্জের ফুলের বীজের নরম অংশকে পেষ্ট করে লাগান।

→ শ্রেষ্ঠাদি বটীর এক বা দু'টো ট্যাবলেট রোজ দু' বা তিন বার বা কুটকী আর চিরতা পাউডারকে জলে গুলে, ছেঁকে দিনে দু'বার পান করুন।

খাওয়া-দাওয়াতে পরিবর্তন

মধুমেহ রোগী যদি মোটা হয় তো তাকে কম ক্যালোরিযুক্ত এবং চর্বিছাড়া খাদ্য খাওয়া উচিত। যদি রোগী কু-পোষণযুক্ত হয় তো প্রোটীনযুক্ত, মধ্যম ক্যালোরী আর চর্বিযুক্ত খাদ্য গ্রহণ করবে। বাত্ কফ্ আর দোষকে মনে রেখে কিছু জিনিস গ্রহণ করা উচিত নয়, কারণ এটা এক বা তার বেশী দোষকে বাড়িয়ে দেয়।

যে সমস্ত খাদ্য পদার্থ গ্রহণ করতে হবে—

→ ভাত—পালিশ ছাড়া চাল, সমস্ত রকমের ডাল, বার্লি।

→ সবজী—কুমড়ো, সবুজ পাতাওয়ালা সবজী, মটর, টমেটো, মূলোর পাতা, পটল, ধুধুল, শালগমের পাতা।

→ ফল—জাম, আপেল, কমলালেবু, আনারস।

→ মাংস—পায়রা, খরগোস, হরিণ, হাঁস, তোতা আর মুরগি।

যে সমস্ত খাদ্য গ্রহণ করা উচিত নয়—

→ ভাত—পালিশ করা চাল, গম, জোয়ার, মুগ, বিউলি, মুসুর, ছোলা।

→ সবজী—গাজর, ওলকচু, আলু, মিষ্টি আলু, মূলো, ফুলকপি, শালগম।

→ ফল—আঙুর, আম, তরমুজ, ন্যাশপাতি।

→ শুকনো ফল আর বাদাম।

→ তেল আর ঘি।

→ সম্পূর্ণ ক্রিম দুধ আর দুগ্ধ জাতীয় খাদ্য।

→ যেকোনো রকমের মিষ্টি।

→ অ্যালকোহল, ভিনিগার।

মধুমেহ-র চিকিৎসাতে ঘরোয়া ওষুধ

→ 10 গ্রাম মেথী বীজ, 10 গ্রাম শুকনো করোলার সাথে পাউডার বানান। সকালে খালি পেটে জলের সাথে এক চামচ গ্রহণ করুন।

→ কিছু কাঁচা কলাকে টুকরো করে শুকিয়ে তারপর মিহি করে পিষে নিন। তার এক চামচ শুদ্ধ গরুর দুধের সাথে প্রতিদিন গ্রহণ করুন।

→ এক কাপ গাজরের রস, আধ কাপ পালঙের রস, আধ চামচ পেষা জিরে, একটু নুনের সাথে প্রতি দিন পান করুন।

→ মাঝারি আকারের একটা মূলোর রস রোজ দুপুরে খাওয়ার পরে গ্রহণ করুন।

→ সকালে চার বা পাঁচটি কচি নিমের পাতা চিবোন।

→ চার বা পাঁচটি জামের পাতা সন্ধক লবণের সাথে সকাল-সকাল চিবোন।

→ একগোছ গুলমোহরের ডাল নিয়ে তাকে 1লিটার জলে ডুবিয়ে রাখুন। রোজ এককাপ জল বের করে পান করুন।

→ 100 গ্রা. জামের বীজ আর চার পাঁচটি আমলা মিশিয়ে চূর্ণ বানান। এক চামচ চূর্ণতে জলের সাথে খালি পেটে খান।

→ বেল গাছের শিকড় শুকিয়ে পাউডার বানিয়ে ও তার একচামচ বেলপাতার আধচামচ রসের সাথে পান করুন।

→ 20 গ্রা. পেঁপে, 5 গ্রা. খয়ের, 1 টা কাটা সুপারি নিয়ে ½ লিটার জলে ফোটান আর কাথ বানান। একে রোজ খাওয়ার পরে গ্রহণ করুন।

চুম্বকীয় চিকিৎসা

চুম্বকীয় চিকিৎসা, চিকিৎসার একটা অঙ্গ, যাতে রোগীর শরীরের উপর চুম্বক লাগিয়ে চিকিৎসা করা হয়। এটা সব থেকে সহজ, সব থেকে সস্তা, বিনা কষ্টের, আর এর কোনো দুষ্প্রভাব নেই।

মধুমেহ-র চুম্বকের দ্বারা চিকিৎসা

মধুমেহর নিয়ন্ত্রণ আর চিকিৎসা চুম্বকীয় চিকিৎসা দ্বারা নীচে লেখা উপায়ে করতে পারেন।—

→ উচ্চ শক্তিসম্পন্ন চুম্বকের উত্তর মেরুকে ডান হাতের তালুতে আর দক্ষিণ মেরু বাঁ হাতের নীচে দশ মিনিট পর্যন্ত রোজ দু'বার রাখুন।

→ যদি এই উপায়ে 2-3 সপ্তাহতে রক্ত শর্করাতে স্তর নিয়ন্ত্রণ না হয় তো এই চুম্বকের উত্তর মেরুকে সোজা অগ্নাশয়ের নীচে আর দক্ষিণ মেরুকে পিঠের উপর এর ঠিক সামনে রোজ দু'বার 5-10 মিনিট পর্যন্ত রাখতে হবে।

→ অনিয়ন্ত্রিত আর পুরনো মধুমেহতে লৌহ চুম্বকের সাথে ইলেক্ট্রো ম্যাগনেট-র প্রয়োগ অগ্নাশয় বরাবর রোজ 5-10 মিনিট করতে হবে।

→ বিশেষ ধরণের পেটের উপর বাঁধা বেল্ট নতুন রোগীদের প্রয়োগ করা যেতে পারে। এই বেল্ট পেট আর পিঠকে চুম্বকের দ্বারা ঢাকে, যা সোজা অগ্নাশয়ের সাথে সম্পর্কযুক্ত। এই বেল্ট রোজ দু'বার 30-160 মিনিট পর্যন্ত প্রয়োগ করতে হবে।

→ জলকে উত্তর ও দক্ষিণ মেরুর কাছে রেখে চুম্বকত্ব দিয়ে তাকে দিনে 3-4 বার আর 2-3 আউন্স পর্যন্ত নিন। বাচ্ছাদের জন্য এর মাত্রা কম রাখতে হবে। এই জলের দ্বারা পাচন আর মেটাবোলিক তন্ত্র মজবুত হয়।

এই চিকিৎসার কু-প্রভাব

এই চিকিৎসার কু-প্রভাব অত্যন্ত কম হয়, কিন্তু উচ্চ শক্তিসম্পন্ন ইলেক্ট্রো ম্যাগনেট প্রয়োগে কিছু প্রভাব এধরণের হয়ে থাকে—

হাত-পায়ে হালকা ঝনঝনানি, শরীরে গরম লাগা, মাথা ভারী হওয়া, জিভ শুকিয়ে যাওয়া, বেশী প্রস্রাব হওয়া, হালকা মাথা ঘোরা আর চুম্বকের সম্পর্কে আসা অংশে ঘাম হওয়া।

সাবধানতা

→ চুম্বকীয় চিকিৎসার আদর্শ সময় সকালে খালি পেটে আর স্নানের পরে।

→ উচ্চ-শক্তিসম্পন্ন চুম্বক লাগানোর পরে কম করে এক ঘন্টা কিছু না খাওয়া বা ঠাণ্ডা কিছু পান না করা।

→ উচ্চ শক্তি বা মধ্যম শক্তিযুক্ত চুম্বক খাওয়ার পরে প্রয়োগ করলে বমির ইচ্ছা জাগতে পারে।

→ গর্ভবতী মহিলা, অত্যন্ত দুর্বল মহিলা আর বাচ্ছাদের উচ্চ শক্তিসম্পন্ন চুম্বক প্রয়োগ করা উচিত নয়।

→ উচ্চ-শক্তিসম্পন্ন চুম্বকের প্রয়োগ শরীরের কোমল অঙ্গ, যেমন—চোখ, মাথা আর হৃদয়ের কাছে করবেন না।

→ ঘড়িকে চুম্বকের কাছে রাখবেন না।

→ উচ্চ-শক্তিসম্পন্ন চুম্বক দীর্ঘ সময় পর্যন্ত লাগালে মাথা ভারী লাগা, মাথা ঘোরা, ঝনঝনানি হ'তে পারে। এরকম অবস্থায় চুম্বক প্রয়োগ বন্ধ করে বিশ্রাম করা উচিত।

→ উচ্চ-শক্তিসম্পন্ন চুম্বকের উত্তর আর দক্ষিণ মেরুকে কাছাকাছি আনা উচিত নয় কারণ এটা পরস্পরের সাথে অত্যন্ত শক্তির সাথে আটকে যায়।

→ যখন চুম্বকের প্রয়োগ করা না হয় তখন তাকে একটা কিপারের সাথে রাখা উচিত যাতে তার চুম্বকত্ব নষ্ট না হয় আর শেষ না হয়।

→ যদি হাতে সোনা বা রূপোর আংটি থাকে, সেটা পরতে পারেন, কিন্তু লোহার হলে তাকে খুলে রাখুন।

→ উচ্চ-শক্তিসম্পন্ন চুম্বক প্রয়োগের সময় কাঠের টুল বা চেয়ারের উপর বসে পায়ের নীচেও একটা কাঠের স্ট্যান্ড রাখা উচিত।

অ্যাকুপ্রেশার ও রেফ্লেক্সোলজি

আমরা এটা মনে করি যে আমাদের শরীরে জৈবিক শক্তি বা জৈবিক বিধুত গতিবিধির উপস্থিতির ফলে আমরা চলা-ফেরা, শ্বাস নেওয়া, খাওয়া আর চিন্তা করতে পারি। এই শক্তিকে ভারতে 'প্রাণ' বা 'চেতনা' বলা হয়। যা চিনে একে 'চী' বা দু'ধরণের শক্তি, ধনাত্মক শক্তি 'ইয়াং' আর ঋণাত্মক শক্তি 'য়িন্'কে মিলিত করে তৈরী করা হয়। এই শক্তি বা জৈবিক শক্তি কিছু নিশ্চিত উপায় থেকে বের হয়, যাকে মেরিডিয়ন বা জিঙ্গা বলা হয়।

শরীরে 14 মেরিডিয়ন থাকে, যার 12 জোড়া শরীরের দুই দিকে থাকে আর বাকী একাকী সামনে আর পিছনের দিকে থাকে। 12 জোড়া মেরিডিয়ানের মধ্যে 6 'য়িন' মেরিডিয়ন থাকে যা পায়ে বৃদ্ধাঙ্গুষ্ঠ থেকে শরীরের মধ্য ভাগ, আঙ্গুল আর মাথা পর্যন্ত যায় আর 6 'ইয়াং' মেরিডিয়ন থাকে। এই মেরিডিয়ান জৈবিক বিদ্যুৎ বইতে থাকে, যা শরীরের অঙ্গ আর তন্ত্রকে জুড়ে থাকে। মেরিডিয়নের একটা শিরা হাতে, পায়ে বা মুখমণ্ডলে আর দ্বিতীয় শিরা যেকোনো অঙ্গোতে যায়। সেজন্য যদি হাত বা পায়ের কোনো নিশ্চিত বিন্দুতে চাপ দেওয়া হয় তাহলে তাতে কোনো দূরের অঙ্গো প্রভাব পড়ে।

14 মেরিডিয়ানের মধ্যে বড়ো নাড়ি মেরিডিয়ান, পাকস্থলি মেরিডিয়ান, ছোটো নাড়ি মেরিডিয়ান, মুত্রাশয় মেরিডিয়ান, তিনটি নরম রাখার মেরিডিয়ান, পিত্তাশয় মেরিডিয়ান, ফুসফুস মেরিডিয়ান, প্লিহা মেরিডিয়ান, পাকস্থলি মেরিডিয়ান, হৃদয়ের গতি মেরিডিয়ান, যকৃৎ মেরিডিয়ান, গর্ভাধান মেরিডিয়ানকে নিয়ন্ত্রিত করার মেরিডিয়ান।

এই 14 প্রধান মেরিডিয়ানের সহায়ক মেরিডিয়ানও থাকে। যদি জৈবিক শক্তির প্রবাহ কোনো মেরিডিয়ানে ঠিকভাবে না হয়, তাহলে তাকে মেরিডিয়ানের কোনো বিন্দুর উপর চাপ দিয়ে ঠিক করা যেতে পারে। এইভাবে সেই অঙ্গো রোগের অবসান করা যায় আর ব্যাথাও কম করা যায়।

কোনো শরীরের বিন্দুর উপর ব্যাথা এটা সংকেত দেয় যে—শরীরের সম্বন্ধীয় অঙ্গাতে বা তন্ত্রতে কোনো গণ্ডগোল আছে। যদি সেই বিন্দুর উপর ঠিকভাবে চাপ দেওয়া যায় তো রোগকে কম করা যেতে পারে।

অ্যাকুপ্রেশারের প্রভাব

→ এটা কয়েক রকমের ব্যাথা যেমন—জয়েন্টের ব্যাথা, মাথা ব্যাথা, পিঠের ব্যাথা, দাঁতের ব্যাথা বা মুচকে যাওয়ার ব্যাথাকে কম করে।

→ এটা একটা আরামদায়ক প্রভাব মস্তিষ্কতে ফেলে। যদি অ্যাকুপ্রেশারের সময় ই.ই.জি (E.E.G) নেওয়া হয় তবে ডেল্টা আর থীটা প্রবাহে ঘাটতি দেখা যায়।

→ এটা শরীরে প্রাকৃতিক প্রতিরোধক ক্ষমতা বাড়ায়, যাতে শ্বাসের গতি, হৃদয়-গতি, রক্তচাপ, শরীরের তাপমান ও মেটাবলিজম স্বাভাবিক হয়ে যায়। লাল ও সাদা রক্ত কোশিকাও বেশী তৈরী হয় আর গামা গ্লোবুজিংস, কোলোস্ট্রোরেল ও ট্রাইগ্লীসেরাইডও কম হ'তে থাকে।

→ মানসিক অবসাদ, চিন্তা, উদ্বিগ্নতা ও অ্যাকুপ্রেশারের প্রভাবে মস্তিষ্কে নিয়ন্ত্রিত হয়ে থাকে।

→ পেশীসমূহ ও জয়েন্টও অ্যাকুপ্রেশার দ্বারা মজবুত হয়ে থাকে, যা পোলিও, ফালিজ ও অন্য স্নায়ু তন্ত্রের বিকারের পিছনে সহায়ক হ'য়ে থাকে।

অ্যাকুপ্রেশারে লাভ

→ এটা একটা সহজ এবং ফলদায়ী চিকিৎসার উপায়।

→ এটা বাড়ীতে ঘরে বসে একান্তে করা যায়।

→ এটা যতবার সম্ভব ততবার করা যায়।

→ কোনো খরচের প্রয়োজনীয়তা নেই।

→ এই চিকিৎসার ফলে কোনো দুষ্প্রভাব হয় না।

→ ব্যক্তি নিজের দেখাশোনা নিজেই করতে পারে।

→ কিছু ব্যাপারে, একে ডাক্তার আসা পর্যন্ত বা রোগীকে হাসপাতালে নিয়ে যাওয়া পর্যন্ত প্রয়োগ করা যেতে পারে।

→ এতে রোগ দ্বিতীয়বার হওয়ার সম্ভাবনা থাকে না।

→ যদি একে অন্য কোনো চিকিৎসার সাথে করা হয়, তাহলে বেশী তাড়াতাড়ি আরাম পেতে পারে।

→ এটা সমস্ত অঙ্গ ও তন্ত্রে ক্ষমতা বাড়ায় আর জয়েন্ট ও পেশীসমূহকে মজবুত করে।

→ বড়ো রোগে এই অসুখ থেকে হওয়া অসুবিধা কম হয়ে থাকে।

→ এটা স্পর্শ থেকে হওয়া লাভ ও নিদানকে সিদ্ধ করে আর ডাক্তার এবং রোগীর মাঝে সামঞ্জস্যতা বাড়ায়।

রেফ্লেক্সোলজি বা জোন থেরাপি

রেফ্লেক্সোলজিতে মালিশ হাত ও পায়ের কিছু বিশেষ রিপ্লেক্স স্থানে দেওয়াকে বলা হয়। আমাদের শরীর 10টি লম্বালম্বি জোন্সে বিভক্ত। যদি শরীরের মধ্য ভাগ থেকে সোজা একটা রেখা টানা হয়, তবে সেই রেখা দু'দিকে সম্পূর্ণ শরীরকে 5-5 ভাগে ভাগ করতে পারে। জোন-1 বৃদ্ধাঙ্গুষ্ঠ থেকে শুরু করে হাত, মস্তিষ্ক আর পায়ের বুড়ো আঙুল পর্যন্ত যায়। জোন-2 দ্বিতীয় আঙুল থেকে শুরু হয়ে, হাত, মস্তিষ্ক হয়ে পায়ের বুড়ো আঙুল পর্যন্ত যায়। এভাবেই অন্য জোনও শরীরে সোজাসুজি চওড়াভাবে সামনে থেকে পিছনের দিকে যায়।

এগুলি শরীরের অনুভাগে থাকে, অ্যাকুপাংচার মেরিডিয়ানের পরিষ্কার রেখার মতো নয়। প্রত্যেক জোনের লাইন আঙুলের জাল থেকে পায়ের বুড়ো আঙুলের জাল পর্যন্ত থাকে। শরীরের যেকোনো অঙ্গ এক জোনের ভিতরে আসে সে সমস্ত অঙ্গ একে অপরের সাথে শক্তির প্রবাহ থেকে যুক্ত থাকে আর একে অপরকে প্রভাবিত করে। চিকিৎসার জন্য এক জোনে যে অঙ্গ পর্যন্ত পৌঁছাতে পারে তাতে চাপ দিতে হয়। চাপ দেওয়ার জন্য কাপড়ের গজ, ধাতুর চিরুনী, ইলাস্টিক ব্যান্ড, ধাতুর শলাকার প্রয়োগ—হাত, আঙুলে, পা ও বৃদ্ধাঙ্গুষ্ঠে, হাতের কব্জি, কাঁধ বা গোড়ালির উপর করতে হবে। চাপ 2 থেকে 20 পাউন্ডের, 30 থেকে 5 মিনিট পর্যন্ত দেওয়া হয়।

হাত ও পায়ের রিফ্লেক্স এলাকা আড়াআড়ি জোনস-এ ভাগ করা হয়েছে। জোন-1-এ কাঁধের গাঁটের উপরের সমস্ত ভাগে আসে। জোন-2-তে কাঁধে গাঁট থেকে কব্জি পর্যন্ত অংশ আসে। জোন-3-তে কোমর থেকে নীচের অংশ আসে।

রেপ্লেক্সোলজির উপায়—বুড়ো আঙুলকে মুড়ে এর ধার ও শেষ অংশকে শরীরকে হাত বা পা—যার চিকিৎসা করা হবে, তাকে চাপ দিন। হাতের বাকি আঙুলগুলিকে পায়ের উপর আরামে রাখুন। কিছু মেরিডিয়ন যা পায়ের তালুতে থাকে, তার মালিশ যদি শক্তির প্রবাহের দিকে করা হয় তাহলে সেই অঙ্গে বিশেষ লাভ হয়। উল্টো দিকে মালিশে আরাম অনুভব হয়।

মধুমেহ-র চিকিৎসাতে উপযোগী অ্যাকুপ্রেশার বিন্দু

কিছু অ্যাকুপ্রেশার বিন্দুতে যখন চাপ দেওয়া হয় তো রক্ত শর্করা স্তর কমতে থাকে। সেটা এই প্রকারের—

→ হাতের মধ্যে অনামিকার নীচের বিন্দু।

→ পায়ের তালুতে বিন্দু, যা পায়ের দ্বিতীয় আঙুলের নীচে থেকে এক তৃতীয়াংশ দূরে থাকে আর গোড়ালি থেকে অর্ধেক অংশ দূরে থাকে।

→ প্রায় 2 ইঞ্চি হাঁটুর মালাইচাকির বাইরে থেকে।

→ প্রায় 2 ইঞ্চি কনুই-এর জয়েন্টের উপর।

→ উপরে ঠোঁটের ডান নাসারন্ধ্রের পাশে।

→ দু'টো বিন্দু যা 2.5 ইঞ্চি নীচে আর ঘাড়ের মেরুদণ্ডের গাঁট যা দ্বিতীয় ও তৃতীয় মেরুমজ্জার 1.5 ইঞ্চি দু'দিকে থাকে।

→ মেরুদণ্ডের দু'দিকে 11 ও 12 থোরসিক মেরুমজ্জার সাথে।

→ দ্বিতীয় ও তৃতীয় মেরুমজ্জার স্তরের উপর দু'টি বিন্দু।

→ কানের পাশে অ্যাকুপ্রেশার পয়েন্ট।

রঙের দ্বারা চিকিৎসা

রঙের দ্বারা চিকিৎসা বা ক্রোমোথেরাপী আলাদা আলাদা রঙের দ্বারা চিকিৎসাকে বলা হয়। এটা সাধারণত নিম্নলিখিত উপায়ে করা হয়ে থাকে।—

→ প্রভাবিত অংশে সোজাসুজি বিকিরণ দিয়ে।

→ তেল, ঘি, গ্লিসারিন ইত্যাদিকে বিশেষ রঙের দ্বারা আবেশিত করে তাকে প্রভাবিত অঙ্গে লাগানো।

→ খাবার জলকে আলাদা আলাদা রঙের বোতলে রেখে ও বৈদ্যুতিক শক্তির দ্বারা আবেশিত করে তাকে প্রয়োগ করা।

→ ওষুধ যা আলাদা আলাদা রঙের দ্বারা চার্জড করা হয়েছে।

→ বিশেষ রঙের খাদ্য-পদার্থ খেয়ে।

→ রঙীন কৌটোতে ভরা গ্যাসকে ভিতরে টেনে।

→ বিশেষ রঙের কাপড় পরে।

→ বিশেষ রঙের পেইন্ট করা ঘরে থেকে বা শুয়ে।

এটা কীভাবে কাজ করে

রঙ এক ধরণের শক্তি, যা কিছু শারীরিক পরিবর্তন সৃষ্টি করে যাতে রোগের উপর নিয়ন্ত্রণ হয়ে থাকে আর শরীর সুস্থ থাকে। হলুদ রঙ অগ্নাশয়ের রঙ। এটা লাল আর সবুজ কিরণকে মিলিয়ে তৈরী হয়। লাল রঙ থেকে উত্তেজিত হওয়া আর সবুজ রঙ থেকে রোগকে নির্মূল করার প্রভাব থাকে। এভাবেই মধুমেহ-র চিকিৎসাতে সহায়ক হয়। এটা ভিন্নভাবে কাজ করে।

→ এটা ইন্‌স্যুলিনকে অগ্নাশয়ের কোশিকা থেকে প্রবাহ হতে উত্তেজিত করে।

→ এটা খাদ্য পদার্থ—যাতে কার্বোহাইড্রেট আছে, তার পাচনকে বাড়ায়।

→ এটা শরীর আর রক্ত থেকে অবাঞ্ছিত পদার্থ বের করে দেয়।

→ এটা লসিকা তন্ত্র ও মূত্র তন্ত্রকে ঠিক করে।

→ এটা মুডকে ঠিক করে অবসাদ দূর করে।

→ এটা রক্ত শর্করার উপর নিয়ন্ত্রণ করে অগ্নাশয়ের কার্যকে নষ্ট করা থেকে বাঁচায়, যাতে অন্য অসুবিধা হ'তে পারে না।

রঙের দ্বারা চিকিৎসা মধুমেহ-র চিকিৎসাতে প্রয়োগ

সোজাসুজি বিকীরণ—একটা ছোটো ল্যাম্প নিয়ে তাতে একটা হলুদ বাল্ব লাগান, বা সাধারণ বাল্বের গায়ে একটা হলুদ রঙ-এর সেলোফেন পেপার লাগিয়ে নিন। এই ল্যাম্পের

আলোকে পেটে সেই অংশে যেখানে অগ্নাশয় থাকে, তার উপর প্রায় 10-15 মি. প্রতিদিন দিতে থাকুন। সকালে 15-20 মি. পর্যন্ত রৌদ্রস্নানও উপকার দেয়।

বিকীরিত তেল ঘি-কে লাগানো

একটা হলুদ বোতল বা সাদা বোতলে হলুদ সেলোফেন পেপার লাগিয়ে নিন। তাতে নারকেল তেল, অলিভ ওয়েল, সরষের তেল বা ঘি নিয়ে একটা শুকনো কাঠের বোর্ডের উপর রেখে 45 দিন পর্যন্ত রোদে রেখে দিন। এটাতে দিনে রোদে ও রাতে সুরক্ষিত স্থানে রাখতে হবে, রোদ না থাকলে কৃত্রিম আলোর তাপে প্রয়োগ করা যায়। দু'ভাবে তৈরী করা তেলকে পেটের অগ্নাশয় যুক্ত অংশে মালিশ করুন।

বিকীরিত জল পান করা

উপরে দেওয়া উপায়েও জলকে হলুদ বোতলে রেখে চার্জ করে, রোজ এক কাপ সকালে ও আধ কাপ দিন ও রাতে খাওয়ার আগে পান করুন।

হলুদ রঙের বায়ুকে গ্রহণ করুন

একটা খালি হলুদ রঙের বোতলকে এক ঘন্টা রোদে রাখুন আর তারপর এর ঢাকনা খুলে রোদে চার্জ হওয়া বাতাস কয়েক মিনিট নিঃশ্বাসের সাথে ভিতরে টানুন। এরকম দিনে তিন বার করার ফলে অগ্নাশয়ের কার্যতে সুফল দেখা দিতে পারে।

বিশেষ রঙের খাদ্য-পদার্থ গ্রহণ

কিছু ফল ও সবজী যা হলুদ বা কমলা রঙের, খেলে মধুমেহতে উপকার হয়। এরকম ফল, যেমন—গাজর, কমলালেবু, ন্যাশপাতি, লাল চেরী, খরমুজ, ওলকচু, মূলো, লাল বাঁধাকপি, শালগম আর শাক।

সংগীতের দ্বারা চিকিৎসা

সংগীতের দ্বারা চিকিৎসাতে সংগীত আর বাদ্য-যন্ত্রের প্রয়োগে শারীরিক, মানসিক মনোবৈজ্ঞানিক আর আধ্যাত্মিক স্বাস্থ্যতে পরিবর্তন এনে চিকিৎসা করা যেতে পারে।

সংগীতের দ্বারা চিকিৎসাতে লাভ

সংগীতের দ্বারা চিকিৎসা করলে রোগী বা অন্য যেকোনো ব্যক্তির নিম্নরূপ উপকার হয়ে থাকে।—

→ এটা চিন্তা এবং অবসাদ দূর করে আরাম করতে ও ঘুমাতে সাহায্য করে।

→ ব্যাথা ও অন্যান্য অসুবিধা দূর করে অ্যানাসথেসিয়া ও ব্যাথা নিবারক ওষুধের সুবিধা বৃদ্ধি করে।

→ এটা ব্যক্তির মুড ও ভাবনাত্মক স্থিতিতে প্রয়োজনীয় পরিবর্তন আনে।

→ সংগীত শঙ্কা ও ভয়কে দূর করে।

→ মাংসপেশীকে শিথিল করে শরীরকে বিশ্রাম দেয়।

→ রোগীকে নিজের চিকিৎসার সাথে সক্রিয়ভাবে অংশগ্রহণ করতে উপযোগী হয়।

→ হাসপাতালে থাকার সময় বা চিকিৎসার সময়কে দীর্ঘায়িত মনে হয় না।

→ সংগীত—রোগী, তার পরিবার ও ডাক্তারের মাঝে এক সুন্দর সম্পর্ক স্থাপন করে।

→ এই চিকিৎসাকে সকলেই পছন্দ করে।

চিকিৎসাতে সংগীতের প্রয়োগ

নিম্নলিখিত রোগগুলিতে চিকিৎসায় উপকার পাওয়া যায়।—

→ ঘুম না আসা।

→ বাচ্ছাদের ব্যবহারে ঘাটতি।

→ মানসিক প্রতিবন্ধকতা।

→ তোতলানো ও কথা বলতে সমস্যা।

মনোবৈজ্ঞানিক অসুখ

চিন্তা, বিক্ষিপ্ততা, অবসাদ, খণ্ডিত মানসিকতা, মতিভ্রম, অ্যালজাইমারস্, আর্থারাইটিস্, তীব্র যন্ত্রণা, উচ্চ-রক্তচাপ, পোলিও, হৃদ-আক্রান্ত, ধনুষ্টঙ্কার, মৃগী, মাথায় চোট আর ড্রাগের নেশা।

মধুমেহ রোগীদের মধ্যে সংগীত চিকিৎসাতে উপকারিতা

→ পাচক ও মেটাবোলিক ক্রিয়া-কলাপকে বাড়ায়। পাচক এঞ্জাইম ও হরমোনস্ ও ইন্স্যুলিনকে বেশী উৎপন্ন করে।

→ রক্তচাপ আর হৃদয়-গতিকে স্থির করে আর এভাবেই হৃদয়ের সমস্যাকে রোধ করে। রক্ত সঞ্চারের বাড়ার ফলে সমস্ত অঙ্গের বেশী রক্ত পায় আর শরীর বেশী উৎফুল্ল থাকে।

→ সংগীত আর নাচে সক্রিয়ভাবে অংশ নিলে নাড়ী আর মাংসপেশীর গতিবিধি বাড়ে আর তা নাড়ীতন্ত্রের বিকারকে রোধ করে।

→ মানসিক অবসাদকে কম করে মধুমেহ-র একটা বড়ো কারণকে নষ্ট করে দেয়।

→ ব্যক্তির মুড ও ব্যবহারে পরিবর্তন আসে।

→ জীবনের প্রতি আশাবাদী মনোভাব তৈরী হয়।

→ প্রতিরোধক ক্ষমতা বাড়ে, যাতে রোগ কম হ'তে থাকে।

মধুমেহ রোগের চিকিৎসাতে উপযোগী রাগ সমূহ

(i) রাগ কলিংগরা

(ii) রাগ ভৈরব

(iii) রাগ হংসধ্বনী

(iv) রাগ মালকোশ
(v) রাগ বাহার
(vi) রাগ ললিত
(vii) রাগ হিন্দোল
(viii) রাগ কাফী
(ix) রাগ বেহাগ
(x) রাগ রামকলি
(xi) রাগ দেশক্কর
(xii) রাগ জয়জয়ন্তী

ফেংশুই

ফেংশুই এক প্রাচীন জীবন-যাপনের শিল্প, যাতে আবহাওয়ার সাথে বেঁচে থাকা বোঝায়। এতে 'চি' (শক্তি) দ্বারা বাড়ী, অফিস, ফ্যাক্টরির আবহাওয়াকে ধনাত্মক ও ঋণাত্মক আবহাওয়া নির্ণয় করে।

মুখ্য দার্শনিক কথা

এটা এই সিদ্ধান্তের উপর আধারিত যে মানব দৃষ্টির বাইরে এক শক্তি আছে যা সমস্ত ব্রহ্মাণ্ডে আমাদের শরীর, আমাদের খাদ্য, ঘরবাড়ী, কার্যস্থল আর পরিবেশে থাকে। একেই ভারতে 'প্রাণ' বলা হয়।

নীচে দেওয়া নক্শা বা ম্যাপ অনুসারে সম্পূর্ণ শূন্যকে ন'টি ভাগে ভাগ করা হয়েছে—ক্রিয়া-কলাপ, জ্ঞান, স্বাস্থ্য, সম্পত্তি, নাম, সম্বন্ধ, সন্তান, যাত্রা আর সৌভাগ্য। এই এলাকাগুলিকে শক্তিধর করে তুললে জীবনের গুণে বৃদ্ধি হয়ে থাকে থাকে।

দক্ষিণ

পূর্ব	সম্পত্তি	নাম	সম্বন্ধ	**পশ্চিম**
	স্বাস্থ্য	সৌভাগ্য	সন্তান	
	জ্ঞান	ক্রিয়াকলাপ	যাত্রা	

উত্তর

কার্যের উপায়

এটা সাধারণত রঙের সামঞ্জস্যতা, ফার্নিচার রাখার কৌশল, আলো, গাছ-পালা ও পরিবর্তন করার মতো বস্তু, যেমন—ফটো, পেইন্টিং ইত্যাদির দ্বারা করা হয়ে থাকে। একে প্রভাবিত করার জন্য এদের এমনভাবে রাখতে হবে যাতে—প্রকৃতি বা কস্‌মিক এনার্জির সাথে যুক্ত

হ'তে পারে। তখন আমরা এদের দ্বারা ক্রিয়া-কলাপ, জ্ঞান, স্বাস্থ্য, সম্পত্তি, নাম, সম্বন্ধ, সন্তান, যাত্রা আর সৌভাগ্যতে পরিবর্তন আনতে পারব।

মধুমেহ-র চিকিৎসাতে ফেংশুইয়ের ভূমিকা

স্বাস্থ্যের দিক বা পূর্বভাগ এমন হওয়া উচিত যে সমস্ত ব্যক্তি আর মধুমেহ রোগযুক্ত ব্যক্তিও তার উপকার পেতে পারে আর দীর্ঘ সুস্থ জীবন-যাপন করতে পারে। এটা এরকমের হ'তে পারে।—

→ এই অংশ ভালো আলোযুক্ত হ'তে হবে, যাতে 'চী'র বেশী আগমন হ'তে পারে।

→ গামলাতে গাছের থেকে ভালো স্বাস্থ্য লাভ হয়ে থাকে। অতএব একে ঘরের মধ্যে অবশ্যই রাখবেন।

→ বাড়ির সদস্যদের ছবি আর আত্মীয়-স্বজন, শুভানুধ্যায়ীদের কাছ থেকে পাওয়া উপহার স্বাস্থ্যের অংশে থাকা উচিত।

→ একটা এ্যাকোরিয়াম বা নদী, ঝরনা, ঝিল ইত্যাদির চিত্রযুক্ত পেইন্টিং এই অংশে থাকলে উপকার হয়।

→ ধাতুর হাওয়া-ঘন্টা যাতে ফাঁপা বেলন থাকে, পূর্ব দিকে ঢোকার দরজার পাশে লাগালে 'চী' শক্তি বাড়ে আর স্বাস্থ্যতে পরিবর্তন আসে।

→ একটা কমলা বা হলুদ রঙের বাল্ব এই ঘরে লাগালে উপকার হয়।

→ ঘরের দেওয়ালে কমলা ও হলুদ রঙের পেইন্ট করলে সমস্ত ব্যক্তিরাই উৎফুল্ল থাকবে।

→ ঘরে অকারণ আজেবাজে জিনিস না থাকে, তাতে শক্তির স্বতন্ত্রভাবে প্রবাহতে বাধা আসে।

→ নিয়মিত ধূপ জ্বালালে, যজ্ঞ করা আর কীর্তন করালে পরিবেশে শক্তি বৃদ্ধি হয়।

৪ মধুমেহ-র ভবিষ্যতে রূপান্তর

মধুমেহ এক আধুনিক যুগের রোগ, যা বিশ্বে প্রায় 15 কোটি লোকেদের প্রভাবিত করেছে। মাত্র ভারতে 3.5 কোটি মধুমেহ রোগী আছে আর বিশ্ব-স্বাস্থ্য-সংগঠন (WHO) দ্বারা ভারতকে মধুমেহর রাজধানী আখ্যা দেওয়া হয়েছে। WHO-র অনুমান অনুসারে বিশ্বে মধুমেহ রোগীর সংখ্যা 2025 পর্যন্ত 30 কোটি আর ভারতে 5.7 কোটি হয়ে যাবে। আশা করা যায়, যেভাবে দ্রুতগতিতে গবেষণা চলছে, তাতে মধুমেহ সৃষ্টি হওয়ার কারণ, তার লক্ষণ আর চিকিৎসার ফলে রোগীর সংখ্যা কমতে থাকবে।

নির্ণায়ক সুবিধাতে পরিবর্তন

নির্ণয়ের কৌশলে পরিবর্তন—নতুন নির্ণয় উপায় যা আমেরিকান মধুমেহ সংস্থা তৈরী করেছে, তাতে দু'টি নতুন ধরণের মধুমেহর পরিচয় পাওয়া যায়। সেটা হলো—ইম্পেয়ার্ড ফাস্টিং গ্লুকোজ (IFG) আর ইম্পেয়ার্ড গ্লুকোজ টলারেন্স (IGT)। এই নির্ণয়ের ফলে জীবন-যাত্রায় পরিবর্তন আর খাদ্যে পরিবর্তন করে মধুমেহকে সমাপ্ত করা যায়। কিছু ব্যক্তিদের অনুসারে এটা কেবলমাত্র মধুমেহর আগেই সম্ভব।

রক্ত শর্করা নিজে নিজে টেস্ট করা

কিছু ইলেকট্রনিক যন্ত্র যেমন—গ্লুকোমিটার আর ডেক্সট্রোমিটার পাওয়া যায়, যাতে রোগী নিজেই তার রক্ত শর্করা মাপতে পারে। কিছু যন্ত্রে বড়ো বড়ো লেখা আসে, কিছু যন্ত্রে রিডিং আসে, যাতে দৃষ্টিহীন লোকও উপকার পেতে পারে। কিছু চলমান ও কমদামী আর ভালো উপকরণও এখন পাওয়া যায়।

সর্বদা গ্লুকোজ মাপা

কিছু কোম্পানি এই রক্ত গ্লুকোজ মাপার যন্ত্র বানিয়েছে, যাতে চব্বিশ ঘন্টা রিডিং নিতে পারা যায়। একটা শরীরে লাগানোর মতো মনিটার যাতে একটা ছোটো সেন্সর থাকে,

সেটাও পাওয়া যায়। এই মনিটার ইন্স্যুলিন নেওয়া রোগীদের জন্য উপযোগী যারা নিজের রক্ত শর্করা নিয়মিত মাপতে চায়।

গ্লুকোজ ঘড়ি

এই গ্লুকো-ওয়াচ বায়োগ্রাফার হাতের ঘড়ির মতো একটা যন্ত্র, যা 12 ঘন্টা পর্যন্ত প্রত্যেক 20 মিনিটে রক্ততে গ্লুকোজ-এর মাত্রা নির্ধারণ করে।

ভালো চিকিৎসার উপায়

ইন্স্যুলিন পেন—মধুমেহ রোগী যারা ইন্স্যুলিন নেয়, এখন ইন্স্যুলিন পেন ব্যবহার করতে পারে, যা এক ধরণের ইঞ্জেকশনযুক্ত পেন। এতে ইন্স্যুলিনকে সিরিঞ্জ দিয়ে ওষুধের থেকে নেওয়ার প্রয়োজন হয় না। ওষুধের মাত্রাকে এতে ডায়াল করে ভরে দেওয়া হয় আর তা নিজে নিজেই ওষুধের সঠিক মাত্রায় ভরে যায়। এতে বৃদ্ধ ব্যক্তিরা, দৃষ্টিহীন, আর্থারাইটিস-এর রোগী আর বাচ্ছাদের পক্ষে অত্যন্ত লাভজনক।

ব্যাথাহীন ইঞ্জেকশন—কিছু ওষুধ কোম্পানি নতুন ইঞ্জেকশন বানিয়েছেন, যাতে পুরনো সুঁচ থেকে হওয়া ব্যাথার থেকে খুব কম ব্যাথা হয়। জেট যুক্ত ইঞ্জেকশনের ওষুধ গ্যাসের জেটের রূপে বের হয়ে চামড়ার ভিতরে যায়, যাতে ব্যাথা কম হয়, আর সুঁচের ভয় থেকেও মুক্তি পাওয়া যায়।

নাক দিয়ে নেওয়া ইন্স্যুলিন

কিছু কোম্পানি নাক দিয়ে নেওয়া ইন্স্যুলিন বানিয়েছেন, যা রক্ত প্রবাহে শোষিত হয়ে যায়। এটা ব্যাথাহীন, তাড়াতাড়ি শোষিত হওয়ার উপযুক্ত, কিন্তু এটা কম সময় পর্যন্ত প্রভাবিত আর নাকে চুলকানিও হ'তে পারে।

মৌখিক স্প্রে—ওরালিন, এক ধরণের ইন্স্যুলিন, যা মুখে স্প্রে করতে হয়। আর এটা গালের দ্বারা শোষিত হয়ে রক্ত শর্করার টাইপ-2 রোগীদের মধ্যে নিয়ন্ত্রণ করে। টাইপ-1 রোগীদের এটা ইন্স্যুলিন ইঞ্জেকশনের সাথে প্রয়োগ করতে পারেন। এটা অত্যন্ত দ্রুত শোষিত হয়। কোনো দুষ্প্রভাব হয় না, ব্যাথাহীন আর ভবিষ্যতে ইন্স্যুলিন ইঞ্জেকশনের থেকে বেশী প্রভাবী হবে।

ইন্স্যুলিনের বড়ি—ক্যাপ্সুলের রূপে ইন্স্যুলিন দেওয়া উপযোগী নয়, কারণ এতে পাচনযুক্ত এন্জাইম নষ্ট করে দেয়। চেষ্টা করা হচ্ছে যে একে পাচনতন্ত্র দ্বারা নষ্ট হওয়া থেকে বাঁচানো যায়।

ইন্‌স্যুলিন ইন্‌হেলার—মধুমেহর খোঁজে ইন্‌হেলারের মতো উপকরণ বানানো হয়েছে, যা মিহি ইন্‌স্যুলিনের ফোঁটা ফুসফুসে সেইভাবেই পাঠায়, যেভাবে অ্যাজমা-র ইন্‌হেলার করে। এই ইন্‌হেলারও টাইপ-2 এর চিকিৎসাতে অত্যন্ত উপযোগী।

ট্রান্সডারমল প্যাচেজ—ইন্‌স্যুলিনের ট্রান্সডারমল প্যাচেজ তৈরী করা হয়েছে, যা নিকোটিনের প্যাচেজ-এর মতো ধূমপান ছাড়ার জন্য দেওয়া হয়। মধুমেহযুক্ত রোগীদের জন্যও উপযোগী। এটা ত্বকের উপর পরতে হয় আর এতে ইন্‌স্যুলিন বের করে রক্তে শোষিত হয়ে থাকে। এই আবিষ্কারের ফল এখন পর্যন্ত নিরাশাজনক।

ইন্‌স্যুলিন পাম্প—কিছু ইন্‌স্যুলিন পাম্প বানানো হয়েছে যা ত্বকের নীচে বা পেরিটোনিয়ামে লাগানো হয়। সেন্সর প্রণালী প্রয়োগ করে এই ইন্‌স্যুলিন এক নাগাড়ে পাঠানো যায়। ছোটো প্রোগ্রাম করার মতো পাম্প U.K. আর U.S.A. তে টাইপ-1 মধুমেহ রোগীদের মধ্যে অত্যন্ত জনপ্রিয়।

অগ্নাশয়ের প্রত্যারোপণ

কিছু বৈজ্ঞানিক সম্পূর্ণ বা অগ্নাশয়ের কিছু অংশ মৃত মানুষের থেকে বের করে মধুমেহ রোগীদের মধ্যে প্রত্যারোপণ করার প্রচেষ্টা করেছেন। এখন এই প্রত্যারোপণ-এ অগ্নাশয়ের আইলেট কোশিকাকে প্রয়োগ করা গেছে, যাতে ইন্‌স্যুলিন বের হয়ে থাকে। এই কোশিকাকে শরীর যাতে গ্রহণ করতে অস্বীকার না করে তারজন্য এর চার দিকে রোগীর নিজের কোশিকা বা অন্য অবরোধক লাগানো হয়। U.S.A.-র কিছু কেন্দ্রে এই উপায় প্রারম্ভে ছোটো সার্জারির দ্বারা করা হয়, যাতে 24 থেকে 48 ঘন্টা হাসপাতালে ভর্তি থাকতে হ'তে পারে।

নতুন ওষুধ

→ দীর্ঘকাল পর্যন্ত কাজ করার মতো ওষুধ যেমন—গ্লিবেনক্লামাইড, গ্লিপোজাইড, গ্লিক্লেজাইড এসেছে, যা অত্যন্ত দ্রুত ও দীর্ঘ সময় পর্যন্ত শোষিত হ'য়ে থাকে।

→ মানুষের নাড়ী থেকে এক হরমোন পেপ্টীডেল যা গ্লুকোজের মতো (GLP-1) ইন্‌স্যুলিনের শোষণকে খাদ্যের পাচনের সাথে মিলেমিশে থাকে। এখন ইঞ্জেকশন, ইন্‌হেলার আর ধীরে শোষিত হওয়ার মতো ক্যাপ্সুল রূপে বানানো হয়েছে।

→ কিছু ওষুধ বানানো হয়েছে, যা অগ্নাশয় থেকে ইন্‌স্যুলিনের প্রবাহকে বাড়ায়। ইমিডাজোলিন আর কাস্ফোডাইস্টেরেস বিশেষ উল্লেখযোগ্য।

→ কিছু নতুন ওষুধের দ্বারা ইন্‌স্যুলিনের উৎপাদন বাড়ে, যেমন— পেরোক্সীসম-প্রোলিফিরেটর-এক্সীভেটর-রিসেপটর-গামা (PPARr), বেনেডিয়াম সল্ট ইন্‌স্যুলিন লাইক গ্রোথ ফ্যাক্টর (IGF), লিপোইক অ্যাসিড. ম্যাগনেসিয়াম, ক্রোমিয়াম, ভিটামিন C এবং E ইত্যাদি।

→ প্রেমেলিনটাইড ইঞ্জেকশন দ্বারা মধুমেহ নিয়ন্ত্রণ ও ওজন কম করতে সাহায্য করে।

→ কিছু ওষুধ মধুমেহ-র সমস্যা কম হয়ে থাকে বা দেরীতে হয়। এটা প্রোটিন কিনাসে C ইনহীবীটর আর এনজীঅজেনিক গ্রোথ ফ্যাক্টর।

→ ইন্‌স্যুলিন আর অন্য ওষুধের দাম কম হয়েছে আর তাদের সুরক্ষা ও প্রভাব বেড়েছে।

→ কিছু বিশেষ ধরণের স্ন্যাকস্ আর মিষ্টিও তৈরী হয়, যা মধুমেহ রোগীরা রক্ত শর্করা স্তর বাড়ার চিন্তা না করেও খেতে পারেন।

জীন থেরাপি

ইন্‌স্যুলিন জীন থেরাপিতে এক বিদেশের জীনকে ব্যক্তির কোনো কোশিকাতে দেওয়া হয় আর তাকে ইন্‌স্যুলিন তৈরী করতে দেয়। এধরণের কোশিকা গর্ভের বাচ্ছা বা অন্য কোনো ব্যক্তি বা পশুর অগ্নাশয় থেকে গ্রহণ করা হয়।

একটা আরও নতুন উপায়ে একটা জীনকে রোগীর যকৃৎ কোশিকাতে দিয়ে ছোটো কোনো কোশিকা তৈরী করা হয়। এই ছোটো কোশিকা নিজের রূপে ফিরে আসতে পারে না আর এটা অগ্নাশয়ে পরিবর্তিত হয়ে যায়। ভবিষ্যতে এই জীন থেরাপি মধুমেহ রোগের চিকিৎসাতে বিশেষ উপযোগী হয়ে উঠবে।

9 আপনার কিছু প্রশ্নের উত্তর

প্রশ্ন : মধুমেহ কী আর এটা কীভাবে উৎপন্ন হয়?

উত্তর : মধুমেহ একটা অসুখ, যাতে শরীরে খাদ্যে পাওয়া কার্বোহাইড্রেটকে মেটাবোলাইজ করতে পারে না আর গ্লুকোজকে শরীরের সমস্ত অংশে প্রবাহিত করতে পারে না। এরকম অগ্নাশয়ে ইন্‌স্যুলিন নামক হরমোনস্ কম তৈরী হওয়ার ও কম প্রভাবী হওয়ার জন্য হয়ে থাকে।

প্রশ্ন : কত ধরণের মধুমেহ দেখা যায়?

উত্তর : প্রধানতঃ দু'প্রকারের—টাইপ-1 ও টাইপ-2 মধুমেহ হয়। টাইপ-1 মধুমেহর নিয়ন্ত্রণ ইন্‌স্যুলিন দ্বারা ও টাইপ-2 মধুমেহ মুখে খাওয়ার ওষুধের দ্বারা হয়ে থাকে।

প্রশ্ন : এটা কি বাচ্ছাদের মধ্যেও হয়?

উত্তর : টাইপ-1 মধুমেহ বাচ্ছাদের মধ্যেও দেখা যায় আর এটা ছোট্ট শিশুদের থেকে শুরু করে কিশোরদের মধ্যেও হ'তে পারে।

প্রশ্ন : এটা কোনো বিশেষ লোকেদের হয়?

উত্তর : না, মধুমেহ যেকোনো বয়সের লোকেদের হ'তে পারে।

প্রশ্ন : এটা কি সত্যি যে এটা মোটা ব্যক্তিদেরই হয়ে থাকে?

উত্তর : না, টাইপ-2 মধুমেহ বেশির ভাগ মোটা লোকেদের হয়ে থাকে কিন্তু টাইপ-1 মধুমেহ সাধারণ ও কম ওজনযুক্ত লোকেদের মধ্যেও হ'তে পারে।

প্রশ্ন : এটা কী বেশী মিষ্টি খাওয়া লোকেদের মধ্যে হয়?

উত্তর : সাধারণতঃ না, কিন্তু যদি ওজন বেড়ে যায় তাহলে এই অসুখ হওয়ার সম্ভাবনা বেড়ে যায়।

প্রশ্ন : **মধুমেহ কী বংশগত?**

উত্তর : হ্যাঁ, যদি মাতা-পিতার মধুমেহ হয়ে থাকে, তাহলে তাদের সন্তানদেরও সেটা হওয়ার সম্ভাবনা থাকে।

প্রশ্ন : **উদ্বিগ্নতার কী মধুমেহর উপর প্রভাব পড়ে?**

উত্তর : হ্যাঁ, শারীরিক আর মানসিক উদ্বিগ্নতা থেকে মধুমেহ শুরু হ'তে পারে, বা বাড়তে পারে।

প্রশ্ন : **এটা কী গ্রামীন বা শহুরে এলাকাতে বেশী দেখা যায় আর কেন?**

উত্তর : আধুনিক অনুসন্ধানের ফলে জানা গেছে যে এটা শহুরে এলাকাতে বেশী হয়, কারণ এখানে ব্যস্ত জীবনযাত্রা ও কম ক্যালোরির খাদ্য গ্রহণ আর অতিরিক্ত অবসাদের ফলে হয়ে থাকে।

প্রশ্ন : **আমাদের জীবনযাত্রাতে কি এর কোনো প্রভাব পড়ে?**

উত্তর : নিশ্চিতভাবে। উচ্চ ক্যালোরিযুক্ত খাদ্য, ব্যায়াম না করা, ধূমপান ও মদ্যপান আর উদ্বিগ্নতাপূর্ণ কার্য করাতে মধুমেহ জন্ম নেয়।

প্রশ্ন : **মধুমেহ কী ছোঁয়াচে রোগ?**

উত্তর : না, স্পর্শের দ্বারা বা মধুমেহ রোগীদের সাথে থাকলে এই রোগ হয় না।

প্রশ্ন : **গর্ভের সময় কি এই রোগ হয়?**

উত্তর : হ্যাঁ, গর্ভধারণের সময় এই রোগ হতে পারে আর এতে মা আর গর্ভের বাচ্ছার সমস্যা হয়ে থাকে।

প্রশ্ন : **কোনো ওষুধের কারণে মধুমেহ হওয়ার সম্ভাবনা থাকে?**

উত্তর : কিছু ওষুধ, যেমন—ওরালা ডাইয়ুরেটিক (প্রস্রাব করানোর জন্য দেওয়া হয়ে থাকে) এড্রিনালাইন, মুখ দিয়ে নেওয়া ট্যাবলেট, কোর্টিকস্টিরিড, ইঁদুর মারার ওষুধ, কাসাবা বৃক্ষের মূল ও কিছু বিন্স—এর কারণে মধুমেহ হ'তে পারে।

প্রশ্ন : **এই রোগকে জানতে পারার জন্য কোনো বিশেষ সংকেত আছে?**

উত্তর : এরকম কোনো নিশ্চিত সংকেত নেই, যাতে মধুমেহর অসুখ বুঝতে পারা যায়, কিন্তু বেশী তৃষ্ণা ও খিদে লাগা, ভালো খাদ্য গ্রহণ করার পরেও ওজন কমে যাওয়া, কোনো কারণ ছাড়া দুর্বল মনে হওয়া ও নপুংশক হওয়া এই রোগের সংকেত দেয়।

প্রশ্ন : **মধুমেহ-কে চেনার জন্য কি টেষ্ট করা উচিত—প্রস্রাবের না শর্করা?**

উত্তর : রক্ত শর্করা টেস্ট, প্রস্রাবে শর্করা টেস্টের থেকে বেশী ভালো, কারণ প্রস্রাবে শর্করা তখন আসে, যখন রক্ত শর্করা অত্যন্ত বেশী প্রায় 180 মি.গ্রা. হয়ে যায়।

প্রশ্ন : আমরা কী বাড়ীতে মধুমেহ টেস্ট করতে পারি?

উত্তর : হ্যাঁ, কিছু উপকরণ, যেমন—গ্লুকোমিটারের সহায়তাতে আমরা রক্ত শর্করা স্তর বাড়ীতেই মেপে নিতে পারি।

প্রশ্ন : HbA_{lc} টেস্ট কী?

উত্তর : এটা রক্তের টেস্ট, যাতে গত তিন মাসের রক্ত শর্করার সম্বন্ধে জানতে পারা যায়। এটা টাইপ-1 রোগীদের জন্য উপযোগী, যাদের রক্ত শর্করা অত্যন্ত বদলাতে পারে।

প্রশ্ন : যদি মধুমেহ দীর্ঘ সময় পর্যন্ত থাকে তবে শরীরের কোন্ অংশ ক্ষতিগ্রস্ত হ'তে পারে?

উত্তর : মধুমেহ দীর্ঘ সময় পর্যন্ত থাকলে হার্ট, পাকস্থলি, চোখ, পা আর তন্ত্রিকাতে ক্ষতি করে।

প্রশ্ন : মধুমেহ রোগীদের কি নিম্ন রক্ত শর্করা হ'তে পারে?

উত্তর : হ্যাঁ, যে ব্যক্তিরা ওষুধ এবং ইঞ্জেকশন ঠিকমতো খাদ্য গ্রহণ না করে বা সঠিক মাত্রাতে গ্রহণ না করে বা অ্যালকোহল-এর সাথে বা বেশী ব্যায়ামের পরে নেয়, তাদের রক্ত শর্করা বা হাইপোগ্লোসেমিয়া হ'তে পারে।

প্রশ্ন : মধুমেহ-র নিয়ন্ত্রণে খাওয়া-দাওয়ার কী সম্পর্ক?

উত্তর : টাইপ-2 -র রোগীদের খাদ্যে ক্যালোরী কম করে ওজন কম করা উচিত। এভাবেই কু-পোষণযুক্ত ব্যক্তিরা ছাড়া, কার্বোহাইড্রেট বা চর্বি জাতীয় খাদ্য কম গ্রহণ করলে মধুমেহ নিয়ন্ত্রণ করা যায়।

প্রশ্ন : নিয়মিত ব্যায়াম করলে মধুমেহ নিয়ন্ত্রিত হয়?

উত্তর : হ্যাঁ, নিয়মিত ব্যায়াম করলে ওজন কম হয়ে থাকে, ইন্স্যুলিন বেশী প্রভাবী হয় আর রক্তচাপ ও পাকস্থলীর ক্ষমতার পরিবর্তন আনে যাতে মধুমেহ কম হয়।

প্রশ্ন : মধুমেহ রোগীরা যদি বেশী খাদ্য গ্রহণ করে ফেলে, তবে কি রোগী ওষুধ ও ইঞ্জেকশনের মাত্রা বাড়াতে পারে?

উত্তর : না, এটা চিকিৎসকদের পরমার্শ ছাড়া করা উচিত নয়।

প্রশ্ন : মধুমেহ রোগী কি কোনো ব্রত করতে পারে?

উত্তর : টাইপ-2-এর মোটা লোকেরা ব্রত বা উপবাস করলে লাভ পেতে পারেন, কিন্তু টাইপ-1-যুক্ত রোগীরা—যারা কম ওজনের বা বেশী ইন্স্যুলিন নেয়, তাদের কোনো ব্রত বা উপবাস করা উচিত নয়।

প্রশ্ন : মধুমেহ রোগীদের ওজন কমাবার জন্য কি ওষুধ নিতে পারে?

উত্তর : এরকম করা উচিত নয়, কারণ এই ওষুধের দ্বারা খিদে কম হয়, আর নার্ভস

সিস্টেম-এ গণ্ডগোল হয়। এই ওষুধের দীর্ঘ সময়ের প্রভাব জানা নেই আর একে গ্রহণ করা উচিত নয়।

প্রশ্ন : এটা কি সত্য যে—একবার ইন্‌স্যুলিন নেওয়া শুরু করলে তাকে সারা জীবন নিতে হয়? আর মুখ দিয়ে খাওয়ার ওষুধে লাভ হয় না?

উত্তর : এটা আংশিক সত্য। টাইপ-1 মধুমেহ রোগীদের নিজেদের আভ্যন্তরীণ ইন্‌স্যুলিন থাকে না আর তাদের সারাজীবন ইন্‌স্যুলিন নিতে হ'তে পারে। টাইপ-2-এর রোগীদের মুখ দিয়ে নেওয়া ওষুধে মধুমেহ নিয়ন্ত্রিত হয়। তাদের ইন্‌স্যুলিনের প্রয়োজন সংক্রমণ, সার্জারি, অত্যন্ত উদ্বিগ্নতা ইত্যাদিতে হয়ে থাকে বা যখন মধুমেহ ওষুধের দ্বারা নিয়ন্ত্রিত হয় না। ইন্‌স্যুলিন একবার মধুমেহতে নিয়ন্ত্রিত হয়ে গেলে আর নেওয়ার দরকার হয় না। তখন মুখ দিয়ে খাওয়ার ওষুধে কাজ চলে যায়।

প্রশ্ন : যদি ইন্‌স্যুলিনের বেশী মাত্রা ভুল করে গ্রহণ করা হয়ে থাকে, তাহলে কী হবে? আর তাকে কীভাবে নিয়ন্ত্রিত করতে হবে?

উত্তর : এরকম অবস্থাতে হাইপোগ্লোসেমিয়া বা নিম্ন রক্ত শর্করার লক্ষণ যেমন—খিদের কারণে ব্যাথা, ঘাম হওয়া, দুর্বলতা, ঠোঁট আর আঙুলে শূন্যতা, হৃদয়ের গতির বৃদ্ধি, মাথা ব্যাথা, নিদ্রাচ্ছন্নতা ইত্যাদি হতে পারে। এরকম অবস্থায় কিছু চিনি 10-20 গ্রা. গ্লুকোজ পাউডার দিয়ে তারপর ডাক্তারের পরামর্শ নেওয়া উচিত।

প্রশ্ন : মধুমেহ রোগীদের পা ফাটে কেন?

উত্তর : নাড়ীর সংক্রমণের ফলে পা ফাটে আর টাইপ-2-এর রোগীদের বেশী হয়।

প্রশ্ন : মধুমেহ রোগের কী চিকিৎসা হ'তে পারে?

উত্তর : মধুমেহ-র চিকিৎসা হয় না, তবে একে নিয়ন্ত্রিত খাওয়া দাওয়া, ব্যায়াম, ওষুধ ও ইন্‌স্যুলিনের দ্বারা নিয়ন্ত্রিত রাখা যায়।

প্রশ্ন : যদি রোগী সকালে ইন্‌স্যুলিন নিতে ভুলে যায় তাহলে কি সন্ধ্যাবেলায় নিতে পারে?

উত্তর : না, এতে হাইপোগ্লোসেমিয়া হতে পারে।

প্রশ্ন : মধুমেহ রোগীদের হৃদ-আক্রান্ত কি যন্ত্রণা ছাড়া হয়?

উত্তর : হ্যাঁ, বেশীর ভাগ এটা ব্যাথা ছাড়া আর শান্তভাবে হয়ে থাকে। একে E.C.G. থেকে জানা যায় আর এর সংকেত শ্বাস নেওয়াতে অসুবিধা আর বুকে দম বন্ধ ভাব থেকে জানা যায়।

প্রশ্ন : মধুমেহ-র কারণে পাকস্থলিতে প্রভাব পড়েছে কিনা সেটা কি জানা যায়? আর কীভাবে?

উত্তর : হ্যাঁ, প্রস্রাবে একধরণের প্রোটিন এল্বুলিন-এর উপস্থিতির থেকে এটা জানা যায়। অনেক বড়ো হওয়া পাকস্থলির অসুখে রক্ততে ইউরিয়া বা ক্রিয়ট মাইনও বেড়ে যায়।

প্রশ্ন : মধুমেহ রোগীদের সম্ভোগ ক্রিয়াতে কি কোনো প্রভাব পড়ে?

উত্তর : অনিয়ন্ত্রিত মধুমেহ-র কারণে নপুংশতা দেখা দিতে পারে। ব্যক্তির সম্ভোগের ইচ্ছা হয় কিন্তু তা সম্ভব হয় না। এই সমস্যা দীর্ঘ সময় পর্যন্ত অনিয়ন্ত্রিত মধুমেহর কারণে হয়ে থাকে।

প্রশ্ন : মধুমেহ রোগীদের কি অপারেশন হ'তে পারে?

উত্তর : হ্যাঁ, অপারেশনের আগে, অপারেশনের সময় ও অপারেশনের পরে ইন্‌স্যুলিন দিয়ে রক্ত শর্করাকে নিয়ন্ত্রিত করতে হয়।

প্রশ্ন : মাসিক ধর্ম ও রজঃনিবৃত্তি-র উপর কি মধুমেহর কোনো প্রভাব পড়ে?

উত্তর : মধুমেহযুক্ত মহিলাদের মাসিক ধর্ম অন্য সাধারণ মেয়েদের তুলনায় দেরীতে আরম্ভ হয় আর অনিয়মিত হয়। রজঃনিবৃত্তি বুঝতে পারা কঠিন হয় কারণ রক্ত শর্করা কম থাকার ফলেও এই লক্ষণ দেখা যায়।

প্রশ্ন : মধুমেহ রোগী কি যেকোনো কাজ করতে পারে?

উত্তর : টাইপ-2 রোগী, যারা ইন্‌স্যুলিন নেয়, আর অনেকবার রক্ত শর্করা বা কিটোসিস পাওয়া যায়, তাদের পক্ষে নিম্নলিখিত কার্যগুলি করা উচিত নয়—যেসমস্ত কাজ অনিয়িমিত, বেশী দৌড়ঝাঁপ করার কাজ বা ড্রাইভারের কাজ, ভারি, শ্রমিকের কাজ, উঁচুতে উঠে কাজ করা, কোনো বড়ো মেশিনের পাশে বা বেশী ভোল্টেজে চলা মেশিন যেখানে একা কাজ করতে হবে, রাতে একা কাজ করা, সৈনিক দল বা পুলিশে কাজ, অগ্নিনির্বাপকের কাজ, বিপজ্জনক কাজ যেমন—কয়লার খনিতে, হাওয়াই জাহাজ চালানো, পর্বতারোহণ ইত্যাদি।

প্রশ্ন : মধুমেহ রোগে কী দুরে যাত্রা নিষেধ?

উত্তর : না, কিন্তু কিছু সাবধানতা নেওয়া উচিত। বিশেষ করে—টাইপ-1 রোগীদের। খাদ্য ও ওষুধের ব্যাপারে। যদি আপনি গাড়ি চালান বা দীর্ঘ পদযাত্রা করেন কিংবা পর্বতারোহণ করেন তো আপনার সাধারণের থেকে বেশী ক্যালোরি প্রয়োজন হয়।

প্রশ্ন : অ্যালকোহল গ্রহণ করলে মধুমেহতে তার প্রভাব পড়ে?

উত্তর : হ্যাঁ, বিশেষ করে খালি পেটে অ্যালকোহল হেপোগ্লোসেমিয়া উৎপন্ন করতে পারে আর মধুমেহর ওষুধে বিপরীত প্রভাব ফেলতে পারে। কারণ বেশী অ্যালকোহল আর হেপোগ্লোসেমিয়ার লক্ষণ এরকম হ'য়ে থাকে। সেজন্য এটা চিনতে অসুবিধা হয় এবং জীবনঘাতী হ'য়ে ওঠে।

প্রশ্ন : মধুমেহ রোগীরা কি খেলাধূলায় অংশ নিতে পারে?

উত্তর : হ্যাঁ, কিন্তু তাদের নিজেদের ওযুধের ডোজ আর খাদ্যের মাত্রাতে পরিবর্তন করতে হবে যাতে হাইপোগ্লোসেমিয়া না হ'তে পারে।

প্রশ্ন : ইন্‌স্যুলিনের সাথে কি অন্য ওযুধও নেওয়া যেতে পারে?

উত্তর : কিছু ওযুধ, যেমন—উচ্চ রক্তচাপের ওযুধ, কাশির সিরাপ, ডাইয়ুরেটিক্স স্টেরয়েড,হরমোনস্‌, ব্যাথা নিবারক ইত্যাদির প্রয়োগ সাবধানে করতে হবে কারণ এতে রক্ত শর্করা স্তর কমতে বা বাড়তে পারে।

প্রশ্ন : মধুমেহ-র মহিলা রোগীরা কি তাদের সন্তানদের স্তন পান করাতে পারে?

উত্তর : না, কারণ মুখ দিয়ে মধুমেহ নিয়ন্ত্রণের জন্য খাওয়ার ওযুধ মায়ের দুধের সাথে বাচ্ছাদের মধ্যে চলে যায়। সেজন্য এরকম ক্ষেত্রে ইন্‌স্যুলিন ইঞ্জেকশন নেওয়া উচিত।

প্রশ্ন : মধুমেহ রোগীদের কি অন্য সাধারণ লোকেদের থেকে বেশী সংক্রামিত হওয়ার সম্ভাবনা থাকে?

উত্তর : হ্যাঁ, কারণ মধুমেহ রোগীদের প্রতিরোধক ক্ষমতা কম হয়ে যায় আর উচ্চ রক্ত শর্করা স্তর থেকে ব্যাকটেরিয়া, ভাইরাস আর অন্য জীবাণু তাড়াতাড়ি বাড়ে। সেজন্য এই লোকেদের এ্যান্টিবায়োটিক ওযুধ আর অন্য ওযুধের দীর্ঘ কোর্স নিতে হয়।

প্রশ্ন : একথা কি সত্যি যে মধুমেহ রোগীদের তাদের পা বা পায়ের কোনো অংশ কাটতে হ'তে পারে?

উত্তর : হ্যাঁ, কম রক্ত সঞ্চার ও নাড়িতে আর ধমনীতে রক্তাল্পতার ফলে পায়ে সাংঘাতিক ক্ষতিগ্রস্ততা আসতে থাকে আর গ্যাংগ্রিন হয়ে যায়। সেজন্য অনেক সময় পা কেটে ফেলার প্রয়োজন হয়।

প্রশ্ন : মধুমেহ-র জন্য কি চোখে তার প্রভাব পড়ে?

উত্তর : হ্যাঁ, পুরানো মধুমেহ-র অসুখ চোখকে প্রভাবিত করে আর চোখে ছানি, কালো বিন্দু নিকট দৃষ্টি দোষ ও কখনো কখনো রেটিনারও লোকসান হয়ে দৃষ্টিহীনতা সৃষ্টি করে থাকে।

প্রশ্ন : মধুমেহ-র রক্ত শর্করাতে কিছু নতুন পরিবর্তন এসেছে কি?

উত্তর : হ্যাঁ, আমেরিকান মধুমেহ সংস্থার মতবাদ অনুসারে খালি পেটে রক্ত শর্করা যদি 126 মি. গ্রা. আর খাওয়ার দু'ঘন্টা পরে রক্ত শর্করা 200 মি.গ্রা.-এর বেশী থাকে, তো এটা মধুমেহকে সূচনা করে। যদি এই দু'টি স্তর 110-125 আর 140-199 হয়, তো এই রোগকে প্রাথমিক অবস্থা বলা যায়।

প্রশ্ন : **কত তাড়াতাড়ি রক্ত শর্করার টেস্ট করা উচিত?**

উত্তর : টাইপ-1 রোগীদের এই টেস্ট রোজ নেওয়া উচিত। যখন টাইপ-2-র এক সপ্তাহে 1 বার, যতক্ষণ স্বাভাবিক অবস্থা না হয় ততক্ষণ নেওয়া উচিত।

প্রশ্ন : **মধুমেহ-তে মিষ্টি পদার্থের কি ভূমিকা আছে?**

উত্তর : কিছু মিষ্টতা আনার মতো পদার্থ, যেমন—এস্পরটেম (ইক্কয়াল, সুগারফ্রি, স্বীটেক্স) ইত্যাদি রাখা যায়, যাতে ক্যালোরি না বাড়িয়েও তাদের খাদ্যে স্বাদ বাড়ানো যায়।

প্রশ্ন : **যোগ এবং অন্য উপায়েও কি মধুমেহ নিয়ন্ত্রণ করা যায়?**

উত্তর : হ্যাঁ, আধুনিক আবিষ্কারের ফলে জানা গেছে যে—যোগ আর অন্য উপায়েও মধুমেহকে নিয়ন্ত্রণ করা যেতে পারে আর ইন্‌স্যুলিন ও মৌখিক ওষুধ ছাড়া কম করতে পারে কিন্তু এটা রোগকে কতটা কম করতে পারে সেটা জানা যায় না।

প্রশ্ন : **ভারতে মধুমেহর কত রোগী আছে?**

উত্তর : ভারতকে বিশ্বের মধুমেহর রাজধানী বলা হয়। বিশ্বে 15 কোটী মধুমেহ রোগী আছে আর ভারতে অনুমানিত 3.5 কোটী রোগী আছে।

10 আয়ুর্বেদিক ওষুধের ভূমিকা

মধুমেহ রোগ বৃদ্ধি হওয়া রোগীদের আর তার সমস্যার নিদানের জন্য কিছু ওষুধ উৎপন্নকারী কোম্পানি প্রকৃতির গাছ-গাছড়া থেকে ওষুধ বানানোর উপায় আবিষ্কার করে চলেছেন। তার পরিণামস্বরূপ কিছু আয়ুর্বেদিক ওষুধ বাজারে পাওয়া যায়। ওষুধ-উৎপন্নকারী কোম্পানি সেগুলি ভারতে এবং বিদেশে বিক্রি করে আর তাকে মধুমেহর সফল নিদান হিসাবে,কোনো দুষ্প্রভাব ছাড়া, সহায়ক হওয়ার আশ্বাস দিয়ে থাকেন।

এই আয়ুর্বেদিক ওষুধগুলির এক বিবরণ নীচে দেওয়া হয়েছে আর ওষুধের প্রধান উপকরণগুলির বর্ণনা দেওয়া হয়েছে।—

ওষুধের নাম	ওষুধ তৈরীর কোম্পানি	ওষুধের বিশেষ উপকরণগুলি
ডাইবেকন	হিমালিয়া ড্রাগ কোম্পানি	মেষ শৃঙ্গী, পিতাসরা, সপ্তরঙ্গী, জাম, গুড়ুচি, শিলাজিত, গুড়ুল, পুনর্নবা, কৈরাতা, ভীম-আমলকি।
হাইপোনিড	চরক ফার্মাকিউটিকল	জাম, গুড়মার, হরিদ্রা, ত্রিভঙ্গা-ভস্ম, গুড়ুচি, শিলাজিত, পিতাসরা, কৈরাতা।
গ্লুকোম্যাপ	মহর্ষি আয়ুর্বেদিক	জাম, নিম্বা, অর্জুন, শিলাজিত, নাগজিহ্বা, ভীম-আমলকি, বিল্ব, সালসারডিগানা করাবেল্লাকা।
এক্স-ডাইবা	সূর্য হারবাল	গুড়মার, করোলা বীজ, নিম, মেথি, শিলাজিত, কসানি, বসন্তা, কুসুমকারা রস, ত্রিফলা, বিজয়সারা, গিলোয়।
মধুমেহরী	বৈদ্যনাথ	গুড়মার, হরিদ্রা, আমলকি, কৈরাতা, উডুমবারা ফল, মেথী বিজ, জামের বীজ, অমৃতা, নিম্বা, বিল্ব।

ওষুধের নাম	ওষুধ তৈরীর কোম্পানি	ওষুধের বিশেষ উপকরণগুলি
অমরীপ্লাস	এমিল ফার্মাকিউটিকল	গুড়মার, করোলা, বিজয়সারা, বিল্ব, জাম, তেজপাতা, শিলাজিত, মেথী, কালমেঘ, চন্দ্রপ্রভাবটী, নিম, গিলোয়, স্বর্ণমক্ষিক ভস্ম, সদাবাহার, ভৃঙ্গারাজ, পুনর্নবা, বিল্ব, অ্যালোবেরা, শর্পক।
গ্লুদিবিত	লিউপিন হার্বলস	মধুনাশিনী, বিজয়সারা, মামুমজ্জক, নিম্বা, সপ্তচক্র।
কগেন্ট—ডি.বি.+	সাইবেল হার্বাল ল্যাবরেটরিস্ প্রাইভেট লিমিটিড	নিম, মেথি, হরিদ্রা, ত্রিফলা, জাম, গোক্ষুরা।
গ্লুকোরিড কে. পি.	ডাবর আয়ুর্বেদিক স্পেশালিটি লিমিটেড	করোলা, ফ্রিজ ড্রায়েড পাউডার, গুডমার।
জাম্রুলীন	উঞ্ঝা ফার্মা প্রাইভেট লিমিটেড	জামের বীজ, মাম্মাঞ্জাক, বিল্ব, ত্রিবঙ্গা ভস্ম, গুডমার, নিম, শিলাজিত।
ত্রিবঙ্গাশিলা	ঝন্ডু ফার্মাকিউটিক্যালস্	ত্রিবঙ্গা ভস্ম, নিম, গুডমার, মম্মাঞ্জক, জাম, বিটমন।

এই ওষুধগুলির বিশ্লেষণের ফলে জানা যায় যে—বেশির ভাগ ওষুধে দেওয়া উপকরণ নিম্ন কারণে দেওয়া হয়ে থাকে।—

→ অগ্নাশয় থেকে ইন্‌স্যুলিনের বেশী বেরোনোর জন্য, যা মধুমেহর মুখ্য কারণ।

→ কার্বোহাইড্রেট মেটাবলিজম-এ পরিবর্তন আনা, যাতে রক্ত গ্লুকোজের স্তরে ঘাটতি আসে।

→ মেটাবলিজমকে বাড়িয়ে কোলেস্ট্রল, লিপিডস্, ট্রাইগ্লোসীরাইড-এর স্তরকে কম করা যাতে হৃদয়ে ও মস্তিষ্কের সমস্যা না হয় আর কীটোসিস না হয়।

→ বেশী তৃষ্ণা, বেশী প্রস্রাব আর ক্লান্তি ইত্যাদি লক্ষণে আরাম দেওয়া।

→ পাকস্থলির সমস্যা (অ্যালবুমীনুরিয়া) চোখের রোগ (রেতিনোপ্যাথি), ত্বকের সংক্রমণ আর জননাঙ্গের অসুখে কিছু তত্বের ফলে রেহাই হয়ে থাকে।

→ কিছু আয়ুর্বেদিক তত্ব শরীরের ওজন কম করে যা টাইপ-2 মধুমেহ-র মুখ্য কারণ।

→ কিছু ওষুধ শরীরের প্রতিরোধক ক্ষমতা বাড়ায়, যা সংক্রমণ রোধ করে আর মধুমেহ সমস্যাকে কম করে।

→ কিছু ওষুধ এ্যালোপ্যাথিক ওষুধের উপচারিতা বৃদ্ধি করে। তার উপর নির্ভরতা কম করে আর ওষুধের মাত্রা আর দুষ্প্রভাবও কম করে।

সাধারণ তত্ত্বের কাজ করার কৌশল

1. গুড়মার—যাকে মধুনাশনি আর মেষস্রংগিনীও বলা হয়, এটা একটা গাছে জড়িয়ে ওঠা লতা, যার পাতা ওষুধের কাজ করে। এতে জিম্নেমিক এসিড থাকে, যা অগ্নাশয় দ্বারা ইন্‌স্যুলিনের নিষ্কাষণকে বাড়ায়। গুড়মার দ্বারা অগ্নাশয়কে ক্ষত্রিগ্রস্ত বীটা কোশিকা যা, ইন্‌স্যুলিন বানায়, যা পরিবর্তন হয় ও পুনরুৎপাদন হয়।

2. বিজয়সার বা পিতসারা যা বীজের একটা বড়ো পর্ণপাতার বৃক্ষ যার ছাল দিয়ে ওষুধ তৈরী হয়। এই ছালে কিছু যৌগিক গুণ থাকে, যাতে ইন্‌স্যুলিনের মতো গুণ থাকে। এটা রক্ত শর্করা স্তরকে শরীরের তন্তুর দ্বারা বেশী গ্লুকোজ উৎপন্নকে কম করে আর নাড়ীতে গ্লুকোজের শোষণ কম করে। এটা অগ্নাশয়ে ইন্‌স্যুলিন স্তর বাড়ায় আর বীটা কোশিকাকে পুনরুৎপাদন করে।

3. জামের বৃক্ষ এক চিরহরিৎ বৃক্ষ। যার বীজে জাম্বোলিন থাকে, যা মধুমেহ-তে উপযোগী। জাম্বোলিন স্টার্চকে শর্করাতে পরিবর্তন করে না, আর এভাবে প্রস্রাবে শর্করার মাত্রা কম হ'তে থাকে আর তৃষ্ণাও কম লাগে।

4. করাবেল্লা বা শুশাবী যাকে সাধারণ ভাষায় করোলা বলা হয়। একটি সবজী যার ফলে ইন্‌স্যুলিনের মতো যৌগিক থাকে, যা রক্ত শর্করার স্তর কম করে আর অগ্নাশয় থেকে ইন্‌স্যুলিন নির্গত বৃদ্ধি করে। এটা বৃদ্ধিপ্রাপ্ত কোলেস্ট্রোরেল কম করতে পারে আর কীটোসিস রোধ করতে পারে।

5. শিলাজিত বা খনিজ তত্ত্বের দ্বারা তৃষ্ণা কম হয়ে থাকে, বেশী প্রস্রাব রোধ করে, আর ক্লান্তি কম করে শর্করার অধিক শোষণ করে। এটা একটা উৎপ্রেরকের কাজ করে গ্লুকোজের চাহিদা বাড়ায়। এটা অগ্নাশয় কোশিকাতে গ্লুকোজের ওজন কম করে নষ্ট হওয়া থেকে বাঁচায়। এটা মধুমেহ-র কারণে হওয়া পাকস্থলির অসুখে উপযোগী।

6. গুড়ুচি—এটা রক্ত শর্করা স্তরকে যথেষ্ট কম করতে পারে আর তন্তুর দ্বারা গ্লুকোজের শোষণ ইন্‌স্যুলিন বাড়ানোর কারণ বৃদ্ধি করে।
শরীরের প্রতিরোধক ক্ষমতা আর নিজের মধ্যে ভালো হওয়ার ভাবনা বাড়ায়।

7. পুনর্নবা—যা বেশী মাত্রাতে পাওয়া ঘাস, যার শিকড়ে এক অ্যালকালয়েড —পুনর্নবোইন থাকে। এই অলকালয়েড হৃদয়ের ভিতরে রক্তে চর্বি কম করে, আর হৃদ-আক্রান্ত বা স্ট্রোক থেকে বাঁচায়। এতে বেশী প্রস্রাব তৈরী করে, যাতে পাকস্থলির অসুখের সম্ভাবনা কম হয়।

8. গুগ্গলু—এটা শুষ্ক মরুভূমি এলাকাতে পান করার মতো ঝাড়ের ছাল থেকে বের করা আঠা। এতে কোলেস্ট্রোরেল, রক্ততে চর্বি কম করার ক্ষমতা থাকে। যাতে এই মধুমেহ-র কারণ হওয়ার মতো হৃদয়-বিকার থেকে বাঁচায়। এটা মোটা লোকেদের ওজন কমায়, যা টাইপ-2 রোগীদের অত্যন্ত আবশ্যক।

9. ত্রিফলাতে তিনটি জিনিস—হরতকি, বয়ড়া ও আমলা থাকে, যা শরীরে নতুন স্ফূর্তি আনে ও বয়সকে বাড়া থেকে রোধ করে। ত্রিফলা রক্ত কোশিকা ও ধমনীর স্বাভাবিক কার্যে সহায়তা করে আর চোখে মধুমেহ-র কারণে হওয়া সমস্যা থেকে বাঁচায়।

10. নিমপাতাতে রোগ নিবারক গুণ থাকে আর এটা মধুমেহ থেকে হওয়া পায়ে গ্যাংগ্রিন-এর ঘা শুকাতে সাহায্য করে। এটা রক্তকে শুদ্ধ করে রক্ত নালিকার অসুখের থেকে রক্ষা করে।

11. হরিদ্রা বা হলুদেও রোগ নিরোধক গুণ থাকে। এটা রক্তকে শুদ্ধ করে আর পুরনো ঘা এবং পায়ে গ্যাংগ্রিং-এর ঘা শুকাতে সাহায্য করে।

12. গোক্ষুরা একটা ঔষধীয় বৃক্ষ যা তন্ত্রের সমস্যাতে উপযোগী। এটা পাকস্থলিকে ক্ষতি থেকে বাঁচায়, তার কার্য ক্ষমতা বাড়ায় আর নপুংশতা রোধ করে।

13. সপ্তরঙ্গী বা সপ্তচক্রও এক ঔষধীয় গাছ, যার ছাল থেকে পাওয়া যৌগিক ইন্‌সুলিনজনিত গ্লুকোজকে তন্তুর দ্বারা শোষিত হওয়াকে বাড়ায় আর রক্ত শর্করা স্তর কম করে।

14. ভূম্ম-আমলকির পাতা রক্ত শর্করাকে ভালোভাবে কম করে।

15. অভ্রক ভস্মের বায়োটাইডের রস আর কিছু গাছের সার থেকে বানায় আর এটা এক কোশিকার জন্ম দেওয়ার পদার্থ আর এটা মধুমেহ আর প্রস্রাবের সংক্রমণকে নিয়ন্ত্রণ করে।

16. প্রবাল ভস্ম—এটা ক্যালসিয়াম, ম্যাগনেসিয়াম, লোহা আর তার যৌগিক, যা রক্তমণি আর অন্য তত্বের সংক্রমণকে ঠিক করে।

17. বঙ্গা ভস্ম—এটা টিন থেকে তৈরী করা হয় আর এটা জননাঙ্গা, মূত্রতন্ত্রকে সংক্রমণের চিকিৎসাতে প্রভাবযুক্ত।

18. কিছু অন্য গাছ-গাছড়া আছে যা—মেথির বীজের রস, তুলসী পাতা, তেজপাতা, কুটকী কালমেঘ, গুলার, মজঝাক, যষ্টিমধু, ভৃঙ্গারাজ, সতাবরী, মুন্দাতিকা, কার্পাস, বিল্ব, রোহিতকা, মরীচ, বিষ্ণুপ্রিয়া, অতিবল, কৈরাতিকতা, বিদঙ্গী নোহম্, স্বর্ণমক্ষিক ভস্ম, মধু-ভস্ম।

এই সিদ্ধান্তে উপনীত হওয়া যায় যে বিভিন্ন আয়ুর্বেদিক ওষুধ কোম্পানির উৎপাদিত যে উপকরণগুলি আছে, তাতে রক্ত শর্করা স্তর কম করার ক্ষমতা থাকে, কিন্তু এতে রোগ ঠিক করার ক্ষমতা পাওয়া যায় না। এই ওষুধগুলিকে এ্যালোপ্যাথিক ওষুধের সাথে সহায়ক ওষুধরূপে গ্রহণ করা যেতে পারে। এটা পারম্পরিক ওষুধে পরিবর্তন আর কিছু ব্যাপারে এ্যালোপ্যাথিক ওষুধের মাত্রাতে ঘাটতি ও তার দুষ্প্রভাবকে সমাপ্ত করে।

www.ingramcontent.com/pod-product-compliance
Lightning Source LLC
Chambersburg PA
CBHW071228290326
41931CB00037B/2450